U0131601

百年首钢　百年中国钢铁传奇

钢铁往事／钢铁魂／钢铁情
钢铁人／钢铁传奇

钢铁传奇

GANGTIE CHUANQI
Bainian Shougang Bainian
Zhongguo Gangtie Chuanqi

胡景山◎著

中央文献出版社

图书在版编目（CIP）数据

钢铁传奇：百年首钢，百年中国钢铁传奇 / 胡景山著.
—北京：中央文献出版社，2014.5

ISBN 978-7-5073-4083-9

Ⅰ.①钢…　Ⅱ.①胡…　Ⅲ.①首都钢铁公司—工厂史
Ⅳ.①F426.31

中国版本图书馆 CIP 数据核字（2014）第094922号

钢铁传奇——百年首钢　百年中国钢铁传奇

著　　者：胡景山
责任编辑：孙　翊
封面设计：袁德祥　欧阳显根

出　　版：中央文献出版社
地　　址：北京西四北大街前毛家湾 1 号
邮　　编：100017
网　　址：www.zywxpress.com

发　　行：中央文献出版社
　　　　　新经典文化有限公司
销售热线：中央文献 010-63097018、66183303
　　　　　新 经 典 010-68423599
电子邮箱：中央文献 zywx5073@126.com
　　　　　新 经 典 editor@readinglife.com
排　　版：北京方方照排中心
印　　刷：北京盛天行健艺术印刷有限公司

787mm×1092mm　　16 开　　12.5 印张　　146 千字
2014 年 5 月第 1 版　　2014 年 5 月第 1 次印刷
ISBN 978-7-5073-4083-9　　　　定价：30.00 元

本书如存在印装质量问题，请与本社联系调换
版权所有　违者必究

讲首钢故事 为首钢立传

　　胡景山的作品《钢铁传奇——百年首钢，百年中国钢铁传奇》，放在我的书橱上已经三年多了。这几年，我时常翻阅这部书稿：有时是为了查资料，核对史实；有时是为了引经据典，汲取精华；有时是为了选取故事，宣传首钢。今天，这部书稿即将付梓出版，我愿意说上几句心里话。

　　国家命运、企业命运、个人命运往往是紧密相连的。

　　百年首钢，经历了钢铁救国、钢铁兴国、钢铁强国的过程。首钢的历史，是我国民族工业发展的缩影，更是近代中华民族无私奉献、艰苦奋斗、九死一生、自强不息的真实写照。在实现中华民族伟大复兴的征程上，首钢集中体现了百年来中华儿女强国富民的钢铁情结。书中的故事、人物、历史事件，发生在企业，关注的却是国家；讲的是小故事，反映的却是大命运，代表的是大时代。

　　在首钢，有一种现象：许多职工家庭，几代同业，几世同堂，均为首钢人。他们献完青春献子孙，与首钢荣辱与共，血脉相连。景山就是其中的典型代表，在他的亲属中，有十几人是首钢职工：他出生在首钢世家，父亲是来自冀东抗日根据地的老党员，伯父是首钢第一代老领导；岳父岳母、兄弟姐妹，都在这里奉献。他们爱岗敬业，勤奋工作，视工作如生命，爱企业如家庭。

　　景山本人，投身首钢四十载，曾在多个岗位上工作。当过建筑工人，干过木工，到过大洋彼岸拆迁过加州钢厂；在首钢报社担任记者期间，走遍十里钢城，百里矿区；足迹遍及首钢集团各个角落；在首钢迁安钢铁公司担任宣传部长和工会主席期间，他记录了企业建设达产的全过程；到首钢博物馆筹备办公室工作至今，他抢救性搜集文物，广泛收集首钢文化、首钢历史、首钢故事。他满怀对首钢的真情实意，投身首钢博物馆的筹备建设，集合国内优秀策划设计，筹谋高水平方案。作为生长在这片热土上的首钢人，景山见证了建国后首钢发展的全过程。他写出许多文学作品和新闻作品，歌颂首钢工人的劳动与创造。他的文章都是对首钢历史的记录，都是赞扬首钢文化的好声音，都为推动首钢转型发展提供正能量，都体现了首钢百年历史积淀下来的软实力。

　　有人把热爱首钢的真情埋在心底、化作行动，在岗位默默无闻奉献；有人把热爱首钢的情感迸发出来，写成诗行、画成卷幅；有人把长年积累写成小说，编成故事。

　　景山既埋头岗位勤奋工作，又伏案整理多年积累，为首钢立传。他是一个全身心奉献首钢的首钢人，他是一个会讲首钢故事的首钢人。

姜兴宏

二〇一四年三月

目　录
Contents

钢铁魂

邓小平在夫人卓琳和女儿邓楠、邓榕的陪同下走下车，微笑着向众人致意："首钢我一直想来，可是以前太忙了，这次来就是为了了却一桩心愿。"邓小平对钢铁工业的深情，感染着首钢干部职工。

在连铸生产现场，江泽民关切地问：夏天操作热不热？职工们回答，我们有空调器。江泽民风趣地说，比以前条件好多了嘛，鸟枪换大炮了。大家都开心地笑起来。看着雄伟的厂房、现代化设备和整洁的车间，江泽民赞许道，像这样的钢厂，真是很不错呀。没有改革开放，你们办不成这样啊。搞活大企业，你们立了一功。

"大跃进"中，彭真告诫首钢领导"不要吹"，生产和扩建都要统筹考虑，要切实保证工程的高质量，企业只有均衡生产才能不断发展。历史证实了他的远见卓识。首钢3号高炉1959年5月投产，1970年2月大修，连续生产了11年，成为首钢高炉大修期限打破10年纪录的第一座高炉。而与首钢3号焦炉同期投产的国内大型焦炉，在10年之内进行大修的占47%。首钢3号焦炉一直服役到1992年底才进行大修改造，创造了连续生产34年的奇迹。

"文革"中，万里白天和工人一起劳动，晚上到工人家里嘘寒问暖，帮助他们解决困难。改革开放以后，他12次来首钢视察，称赞首钢人人都是"财政部长"，勉励首钢要提高生产技术水平、经济管理水平、职工智力水平、民主管理水平，闯出一条有中国特色的办好社会主义企业的新路子。

华国锋健步登上炉台，同炉前工一一握手后，来到值班室，详细地询问了高炉炉型、加料、焦炭滚筛和卷扬情况。接着，他又兴致勃勃地来到出铁沟旁，观看高炉出铁情况。在炼钢厂转炉操作平台上，华国锋冒着一千多度炉温的烘烤，同工人亲切握手交谈。

钢 铁 情

长征途中，毛泽东根据贾拓夫提供的情况和一张旧报纸上的信息，决定落脚陕北。战争年代，毛泽东对贾拓夫极为赞赏，称他是"党内贾宝玉"、"陕北的才子"。建国后，贾拓夫戴上"右倾"帽子，被康生诬陷为"习（仲勋）、贾（拓夫）、刘（景范）反党集团"，被发落到石景山钢铁公司任副经理。

这位"中国力学之父"虽然被命运抛到了炼钢炉旁，却认为自己没有走错"房间"。在黑白颠倒的年代，他为能到首钢劳动感到庆幸。在首钢，钱伟长的知识有了用武之地，和工人在一起，他觉得非常踏实。二十五年后，钱老在《八十自述》中回忆起在首钢的经历，依然充满深情。

每当回忆起在首钢的那段经历，贺敬之总是动情地说："真要好好感谢首钢的领导和工人师傅们！那个时候，多亏他们给了我这么多的关怀和照顾，如果不是他们的关怀和照顾，说不定我还真的挺不过来了呢!"

周立波创作《铁水奔流》

作为"杰出的社会主义乡土文学作家",周立波在创作大量反映农村土地改革和农业合作化运动经典作品的同时,还将视野拓展到新中国的工业建设。1951年至1954年间,他三次深入首钢体验生活,创作了中国当代工业题材长篇小说的开山之作《铁水奔流》。

梅兰芳三下首钢

容纳4300名观众的首钢露天剧场座无虚席,连过道里都挤满了人。无缘进场的工人站在剧场周围的高墙外聆听。晚上六点,舞台上的紫红色丝绒大幕徐徐拉开,一阵锣鼓后,梅兰芳精雕细刻的拿手杰作之一《贵妃醉酒》开演了,他饰演的杨玉环一亮相,剧场里顿时掌声雷动。

新凤霞与首钢的半生缘

在新凤霞71年的生命旅途中,她与首钢有着长达40年的交往。在事业的巅峰,首钢人追捧她、敬重她、热爱她;在人生的低谷,首钢人同情她、理解她、帮助她,给予她生活的信心和勇气。

东方旗鱼和"石景山钢铁厂号"战机

北京自然博物馆展厅里,一条首钢赠送的大鱼标本格外引人注目,只见它背鳍像一面旗帜,头部生着一支尖尖的长吻,好像一把利剑。展台上的标牌写着:"东方旗鱼,属鲈形目旗鱼科旗鱼属,分布于全世界热、温带海域,为热带、亚热带海洋上中层大型凶猛鱼类。"前来采访的新闻记者们感到纳闷:搞钢铁的首钢怎么和"东方旗鱼"搞到了一起?这条罕见的大鱼标本,首钢是从哪里弄到的?

>> 钢 铁 人 <<

钢 铁 传 奇

艘载重量各为 1.77 万吨的远洋货轮，分别命名为"钢城号"、"新基号"和"飞腾号"。首钢远洋船队这条不安分的"泥鳅"在激活了"黄鳝"的同时，也遭到了"黄鳝"的围追堵截。

万吨下滑到 1993 年的 20 万吨，同时使该国的采矿业、运输业及地方工业等处于半停产状态。1996 年 5 月 21 日，在江泽民主席和穆加贝总统出席的签字仪式上，首钢与津钢签署了《津巴布韦钢铁公司与首钢总公司关于津钢四号高炉原地修复意向书》。

　　1958 年，首钢红楼招待所工作人员为了装饰新落成的会客大厅，到荣宝斋选购了齐白石《梅花鹦鹉图》，这幅作品大约 28 平方尺，按当时市价不过五六百元，而现在价格至少亿元以上。有人做过估算，白石老人一生画了三万多张画，然而像首钢珍藏的这幅巨作，在他的全部作品中并不多见。

钢铁往事

gang tie wang shi

『红染料』催生中国两大钢铁企业

陆宗舆梦断京西

"红染料"催生中国两大钢铁企业

1914 年的一天，旅居中国的丹麦矿冶工程师麦西生，被北京街头小贩叫卖的一种红染料吸引住了视线，他发现红色粉末中有一些块状物，拿起一块仔细察看，感觉沉甸甸的，在阳光照耀下，这种块状的染料表面分布着闪着金属光泽的晶体，有菱形、扁平形、薄板形，还有的晶体组成玫瑰花状……麦西生眼睛一亮，这是典型的赤铁矿特征！他挑了几块红石头买下来，并向小贩了解红染料的用途和产地，小贩告诉他，这种染料采自龙关山，可以用来染布和给家具上色，还可以用作画画的水彩颜料。

麦西生把红石头带回寓所不久，接待了来访的瑞典友人约翰·古纳·安特生。安特生是世界著名地质学家和考古学家。1874 年，安特生出生于瑞典纳克省奥利布罗市附近的乡村，青年时代在瑞典乌普萨拉大学完成博士生学业后留校任教。他不仅具备深厚的地质学理论和实践功底，对科考探险也有极大热情。1898 年，24 岁的安特生在当时交通和通讯都非常落后的条件下，报名参加了那索斯特北极探险。三年后，他又随同瑞典南极考察团首次远征南极。考察结束后，安特生发表了大量科学探险著作，因此赢得了世界声誉。这期间他主编和编写的《世界铁矿资源》和《世界煤矿资源》两本专著，奠定了其在国际地质学界的重要地位，瑞典政府任命安特生为国立地质调查所所长，他还担任了万国地质学会秘书长等职务。

◆ 中华民国北京政府农商部矿政顾问、瑞典地质学家安特生

1914年春天，安特生收到了一封来自中华民国北京政府的公函，邀请他担任北京政府农商部矿政顾问。在那个闭关锁国、军阀混战的年代，北京政府之所以委以安特生重任，缘于中国地质科学的创始人之一丁文江推荐。

1911年9月，满清帝国京师学部举行留学生考试，刚从英国格拉斯哥大学攻读完动物学及地质学的丁文江，获得"格致科进士"头衔。所谓"格致科进士"，就是在1905年废除科举后，清政府举办的新式考试，考完后给留洋学生一个身份，"格致"就是"科学"的意思。这次考试，丁文江结识了同样获得"格致科进士"的日本东京帝国大学地质系留学生章鸿钊。

1912年，孙中山在南京组织临时政府，设立实业部矿务司地质科。同年4月，临时政府迁都北京，章鸿钊出任北京政府工商部矿政司地质科科长。章鸿钊认为，地质科的当务之急是要摸清中国地下资源的家底。但时局动荡，人才匮乏，人们对地质学的重要性几乎毫无认识，以至于北京大学地质门类因为招不到学生而被迫停办。章鸿钊无奈辞职，接替他的是 25 岁的丁文江。 1913 年秋，丁文江上任后成立了地质研究所并开办讲习班，事先登报承诺负责安排就业，这才招收到了 30 名学生。正在此时，中国历史上第一位获得地质学博士的年轻学者翁文灏从比利时回国，加入到地质研究所讲习班教师的行列中。丁文江、章鸿钊、翁文灏亲自担任教师为学生授课，他们三人被誉为开中国地质科学界一代先河的"三大元老"。

1914 年 1 月，第一次世界大战处于爆发前夜，国际市场对钢铁需求激增，钢铁工业成为衡量一个国家实力强弱的重要标志。北京政府迫切希望能够聘请西方地质学家到中国工作，帮助寻找关乎国家军备和经济命脉的煤矿和铁矿资源。于是，丁文江向北京政府推荐了他在留学英国时就仰慕已久的安特生。

安特生很早就对中国这个神秘的东方古国充满了向往，接到聘书后欣然决定赴任。他精心设计了一条进入中国的路线：乘船走海路至印度上岸，再经陆路北上，从中国新疆入境，沿塔里木河东行，穿越河西走廊，最后抵达北京。这次旅行，使安特生对中国辽阔的山川地貌有了一个初步印象。

在麦西生家里，安特生见到龙关山的"红染料"如获至宝，他带着助手乘京张铁路列车穿山越岭，一路西行，来到距离北京 170 公里的直隶（今河北省）龙关县。龙关自古为黄帝部族缙云氏地，汉朝置女祁县，唐代置龙门县。这里的矿藏古代就被开采过，但很快又被历史长河所淹没。

峰峦叠嶂的燕山山脉，残存的唐长城、明长城和重光古塔，向来自地球另一端的安特生发出遥远而又神秘的信息。安特生以地质学家的严谨求实态度，在龙关、怀来、宣化、赤城等县境内进行了全面踏勘，他时而举起望远镜向远山眺望，时而拿起地质锤敲打着岩石，仔细察看着岩石的断层。安特生接连在龙关县一带的辛窑、三岔口、麻峪口、庞家堡、烟筒山等地的古生代地层中找到多座大型地下铁矿。经过对矿样进行分析，发现矿石含铁量为35%至58.7%，平均为48.7%，同时具有含硫少、磷分适度等优点。在多处矿藏中，烟筒山中区铁矿蕴藏量最大，初步估计储量应在1000万吨左右。

安特生回到北京，向北京政府农商部提交了《烟筒山铁矿勘察报告》，这一发现在国内引起轰动。安特生因为勘察铁矿有功，北京政府特地向他颁授"总统三等嘉禾勋章"。

◆ 烟筒山铁矿原始地貌

龙关铁矿的发现，催生了首钢和宣化钢铁公司两大钢铁企业，加快了中国钢铁工业发展进程。建国后，仅龙关镇探明的矿产资源就有铁、铜、锰、石墨等矿藏15种。金属矿以铁矿为主，其中磁铁矿储量1.4亿吨，赤铁矿储量6000万吨；非金属矿以石墨为主，储量6000万吨。

安特生除了对中国钢铁工业有贡献，他在中国的考古活动，也深刻影响了中国现代考古事业的发展进程，作为"中国考古学的创世纪的拓荒者"。1921年，安特生通过发掘河南省渑池县仰韶村遗址，发现了仰韶文化，揭开了中国田野考古工作的序幕。他以系统科学的勘测研究方法，为中国培养了第一批考古学者。他对周口店化石地点的调查，促成了后来北京人遗址的发现。安特生回国后，任瑞典远东古物博物馆馆长，著有《中国远古之文化》《中国史前史研究》)等书。

与安特生的辉煌相比，龙关铁矿却历经劫难。1918年，北京政府成立官商合办的龙关铁矿公司，并计划成立烟筒山铁矿公司。1919年，北京政府决定取龙关县、烟筒山两地名的头一个字，成立龙烟铁矿股份有限公司，并于3月19日举行了股东会及董事会成立大会：新公司股本官股5000股250万元，商股4591股229.55万元。公司成立后开始在烟筒山采矿，同年在北京西郊石景山建设炼铁厂。龙烟铁矿公司是中华民国北京政府创办的最大官僚资本企业，也是当时中国北方最大的冶金企业。从1918年试采到1920年停产共开采矿石10万吨，公司亏损38万元，由于资金来源枯竭，企业长期停产。

1937年"七七事变"后，日军侵占龙烟铁矿，改名为"龙烟铁矿株式会社"。1943年1月，"龙烟铁矿株式会社"在宣化设立制铁所。1941年3月，日伪"蒙疆兴业股份有限公司宣化制铁所"成立，它是解放后龙烟铁矿西炼铁厂即宣钢第一炼铁厂的前身。日本侵略者占领龙烟铁矿8年间，共掠夺矿石374万吨、生铁2.07万吨，死亡矿工27469人。在中国共产党领导下，龙烟矿工进行了英勇的反抗，著名的红石山游击队和游击队队长、平北军分区一级民兵战斗英雄何金海的英雄事迹，在龙烟铁矿历史上写下了光荣的一页。

1945年9月8日，八路军解放宣化，由晋察冀边区人民政府工矿处宣化办事处接管龙烟铁矿，兴华实业公司接管"蒙疆兴业股份有限公司宣化制铁所"，改名为"新华铁工厂"，后改名"建国炼铁公司"。国民党占领宣化后，龙烟铁矿划归"资源委员会华北钢铁公司"。这期间工厂停工，工人失业，机器设备被大量拆毁，龙烟铁矿破败凋零。1948年12月7日，人民解放军解放宣化。1949年初，龙烟铁矿所属的烟筒山铁矿、庞家堡铁矿、氧气厂等厂矿陆续恢复生产。1949年4月，华北人民政府公营企业部决定龙烟铁矿隶属于华北人民政府公营企业部华北钢铁公司。同年7日25日，龙烟铁矿接管原新华铁工厂。

1950年6月，龙烟铁矿作为国家重点恢复建设项目，由中央人民政府重工业部直接领导。当年生产铁矿石13.69万吨、瓶装氧气4.53万立方米。1951年8月31日，西炼铁厂3号71立方米高炉点火开炉。到1953年9月30日，西炼铁厂共修复投产5座71立方米高炉。1958年9月，西炼铁厂又先后新建投产2座71立方米高炉。1958年3~6月，东炼铁厂先后建成投产6座54立方米高炉。1950~1952年三年恢复时期，龙烟铁矿共生产铁矿石114.5万吨、生铁4.9962万吨，一跃成为我国著名的百万吨级大型地下铁矿山。1950年9月，龙烟铁矿马万水小组被评为全国劳动模范集体，组长马万水成为建国初期全国工业战线第一批全国劳动模范的优秀代表之一。1950~1964年，马万水小组在龙烟铁矿连续十四次攀登全国黑色金属矿山掘进新高峰，被冶金工业部誉为"全国冶金战线一面光辉旗帜"。

从1949年10月到1957年，龙烟铁矿共生产铁矿石666.73万吨，占全国同期总产量的9.89%，占河北省同期总产量的60.17%；生产生铁54.6万吨，占河北省同期总产量的97.6%。龙烟铁矿大量优质铁矿石稳定供应北京石景山钢铁厂和山西太原钢铁厂，为新中国成立初期我国钢铁工业的发展做出了重要贡献。

陆宗舆梦断京西

1941 年 6 月的一天早晨，日军戒备森严的北平西直门出现了一支送殡队伍，旗幡、纸俑、乐队、僧人簇拥着朱漆雕花棺椁，吹吹打打向西山而去。从汪伪政府和日本人送的花圈和挽幛上看，死者很有权势。体现浙江丧葬风俗的 "神亭"、"魂亭"，分别供奉着他的照片和牌位，告诉人们这位客死异乡的孤魂，就是在"五四"运动中闻名全国的陆宗舆。

陆宗舆，字润生，1876年生于浙江海宁。1899 年，他自费赴日本早稻田大学学习。1902 年回国后，在北京崇文门管理税务，任进士馆及警官学堂教习、巡警部主事。1905 年冬天，陆宗舆随满清镇国公载泽出国考察宪政。1907 年调任奉天洋务

◆ 龙烟铁矿公司石景山炼厂督办、首钢创始人陆宗舆

局总办兼管东三省盐务。由于经营有方，盐课收入三年里增长两倍多，得到清廷赏识。第二年升任候补四品京堂。1909年，陆宗舆进京任宪政编查馆馆员。1910年10月，清政府宣布预备立宪，陆宗舆被选为资政院议员。1911年秋任交通银行协理、印铸局局长。武昌起义后，任度支部右丞并代副大臣。后任中华民国袁世凯总统府财政顾问。1913年当选为参议院议员及宪法起草委员。同年12月被袁世凯任命为驻日全权公使。1915年初陆宗舆受袁世凯派遣，与陆徵祥、曹汝霖一起参加了与日方代表谈判全过程，签订丧权辱国的"二十一条"。同年6月8日，陆宗舆在东京与日本当局换文批准该条约。之后积极活动，争取日本内阁支持袁世凯称帝。袁世凯病死后，陆宗舆卸任回国，任交通银行股东会长。1917年8月，中日合办的中华汇业银行在北京成立，任总理，成为日本的公开代理人，多次经手向日本借款。1918年，以汇业银行总理名义，代表日本与段祺瑞政府先后签订"有线电报借款"和"吉黑两省金矿及森林借款"合同，共5000万日元，将中国有线电报财产、收益和吉黑两省森林金矿资源抵押给日本。之后，又任币制局总裁。1919年4月19日，任察哈尔龙烟铁矿（今属河北）公司督办。

"五四"运动爆发后，全国百姓强烈要求惩办亲日派卖国贼陆宗舆、曹汝霖、章宗祥。1919年5月13日，在陆宗舆家乡浙江省海宁县，各界人士在硖石镇召开万人大会，一致决议开除陆宗舆的乡籍，通电全国；并在盐官邑庙前、镇海塔下和陆家门口三处树立石碑，上刻"卖国贼陆宗舆"。陆宗舆闻讯后，重贿海宁县知事毁碑，群众愤起阻止。后经北京政府总统徐世昌下令才拆掉石碑。1919年6月10日，北京政府被迫将陆宗舆、曹汝霖、章宗祥免职。陆宗舆仍任汇业银行总理及龙烟煤矿和铁矿督办，1925 年后一度出任临时参政院参政。1927 年任张作霖安国军外交讨论会委员；同年任交通银行总理。不久辞职，隐居天津。1940 年，汪伪政府成立，陆宗舆被聘为行政院顾问。1941 年 6 月 1 日病死于北平。

送殡队伍来到京西福寿岭东山坡上，这是陆宗舆生前选定的墓地。他为何把这里作为自己的最后归宿？这其中固然有他被家乡除名、无颜见江东父老的缘故，还有一个重要因素是他与距此地只有几公里的石景山炼铁厂的未了情。

1914 年，第一次世界大战爆发，这场人类历史上首次从冷兵器进化为热兵器的战争，也是一场 "钢铁大战"。钢铁于是成为极其紧缺的战略物资，参战各国纷纷下令禁止钢铁出口，钢铁价格一涨再涨。我国汉阳铁厂冶炼的生铁，战前每吨售价为二三十两白银，到了 1918 年秋天竟涨至 250 两左右。上海市场的钢板和马蹄铁比战前上涨了 10 倍，废钢铁也从每担 3 两银子左右抬高到 14 两。一时间，中国掀起大办钢铁实业热潮。上海的兴和铁厂，年产钢 3 万吨；山西的阳泉铁厂，也建起了日产 20 吨的高炉。钢铁业成为中国最赚钱的产业。正巧这个时候，瑞典地质学家安特生发现了宣化龙关铁矿，时任北京政府币制局总裁的陆宗舆抓住这个商机，向北京政府总理段祺瑞进言兴办采矿和炼铁企业。段祺瑞正打算开发龙关铁矿以筹措军费，两人一拍即合。1918 年 3 月 16 日，段祺瑞委任陆宗舆为督办，瑞典地质学家安特生为技术顾问，以 "官督商办、官商股份各半" 的方式筹集资金，成立 "官商合办龙关铁矿股份有限公司"。1918 年 6 月 16 日，陆宗舆向北京政府农商部呈文请求将烟筒山铁矿划入龙关铁矿公司管理，得到北京政府批准。1919 年 3 月，龙关铁矿公司更名为 "官商合办龙烟铁矿股份有限公司"。

　　陆宗舆少年时代就自诩为神童，自吹"鼻识极灵能就空气而测风雨，9岁尝骑海塘铁牛候仙人至"（《北京实报》1936年10月20日）。其父早年经商，自幼便受到商业家庭的熏陶，他26岁开始管理税务以来，几乎一直和财政金融打交道，素有"经商奇才"之称。陆宗舆踌躇满志，决心在钢铁业干出一番业绩。1919年3月29日，陆宗舆在北京东单栖凤楼自家花园里召开股东会和董事会成立大会，选举徐绪直、曾毓隽（交通总长、京汉铁路局长）、梁士诒、丁士源（陆军军法司司长、江汉总监）、陆宗舆五人为商董事；候补董事盛恩颐（中国通商银行董事、汉冶萍煤铁公司经理）和曹汝森；商监察为靳云鹏（国务总理兼陆军总长）、杨以俭（天津警察局局长）二人；官董事为丁文江（农商部地质研究所所长）、周家彦（农商部次长）、段骏良（段祺瑞之子）三人；官监察为张新吾；陆宗舆、丁士源被董事会推荐为督办和会办。公司规定总资本为500万元，官商各半，每500元为一股，每股有一选举权和决议权。惟官股以10股以上每股递加一权，商股10股以上每3股递加一权。陆宗舆向众人介绍了当时钢铁业的盈利情况和龙烟铁矿公司的发展前景："去年，本溪煤铁公司利率达35%，湖北汉冶萍煤铁公司利率达18%，我龙烟公司开办之后，利率预测可达全国最高水平。"陆宗舆对公司前景的展望颇有号召力，吸引来北京各界人士纷纷投资入股。甚至北京政府高层也难挡诱惑，总统徐世昌入股16万元，副总统黎元洪、冯国璋各5万元，总理段祺瑞35万元，当过外交总长、交通总长和财政总长的曹汝霖10万元，陆宗舆本人入股11万元，丁士源入股6万8千元。总共有商股142户，股金230万元，官股两户，交通部128万元，农商部122万元，商股和官股合在一起，共计480万元。1919年4月19日，徐世昌任命陆宗舆、丁士源为督办和会办。陆宗舆马不停蹄地展开了炼铁厂的筹建工作。

陆宗舆的政治生涯，使他与日本结下了特殊的渊源。在选购冶炼设备的决策中，他却没有选择他所亲近的、一衣带水的"日本造"，而是舍近求远到地球的另一端进口美国设备，这其中的缘由除了他不愿意让自己的"卖国贼"骂名再蒙羞辱，还有一个重要原因是当时日本的钢铁工业远远赶不上美国。

美国钢铁工业从 18 世纪下半叶开始迅速崛起。1890 年，美国钢产量达到 480 万吨，一举超过英国跃居世界首位。从此，美国钢铁工业在世界上一直遥遥领先。到 20 世纪初，美国钢产量已占全球粗钢产量的 1/3。日本工业虽然在明治维新后得到迅速发展，1913 年生铁产量从 1880 年的 1.6 万吨增至 25 万吨，钢产量达到 24 万吨。但是这个数字与美国相比，显然不是一个重量级。无论是政府利益、股东利益，还是个人利益，陆宗舆都决心把这座中国北方最大的炼铁厂建成国内最先进的企业和"北方工业之中心"。他认为，"炼厂为铁矿首先之基本"，"办理铁矿之难不在采矿，而在炼铁；铁矿之利不在售砂，而在于钢铁"。于是，陆宗舆委托美国贝林马肖公司设计第一座高炉，这座炼铁炉设计为钢壳斜桥双罐上料，总容积 397.8 立方米，日产铁 250 吨，为当时的大中型高炉；炼铁设备和材料均由美国各大企业制造——炼铁炉和热风炉为纽约马歇尔公司制造，耐火砖则是哈宾逊公司的产品，蒸汽鼓风机为阶苏兰德公司制造，蒸汽卷扬机为奥梯斯公司制造。同时以 1000 块银元的月薪，聘请美国工程师格林指导建厂施工。中方管理人员均是当时国内的顶尖人才：石景山炼厂工程司兼代主任程文勋，毕业于比利时列日大学矿科；石景山炼厂副主任工程司兼机务处主任符宗朝，毕业于美国密西根大学机械系；化铁处主任由美国麻省理工学院采冶科毕业的胡博渊担任；土木处主任由英国达能姆大学土木工程科毕业的黄澄瀛担任；会计处主任由北洋大学采矿科毕业的冯宝鉴担任。

陆宗舆又聘请美国专家帮助考察厂址。他说："炼厂地点为公司生命所系，实系根本问题，初稍不慎，后悔莫及。故于选择之时至为详审。"他带领美国专家和中国技术人员进行实地踏勘，从宣化、天津、石景山、坨里、长辛店、卢沟桥、三家店、通州和丰台等九处地点，反复进行研究论证后，认为在京西石景山东麓的平原上建厂最为理想，优势有五个方面：一是地势开阔平坦，厂址多为质地坚硬的沙砾岩和花岗岩，便于建构大型工业基地；二是附近将军岭有丰富的石灰石资源；三是水源充足，厂址紧邻永定河；四是电力有保证，石景山北面正在建设京华电灯公司（石景山发电厂前身）；五是距离北京十几公里，政府便于控制。于是，陆宗舆以58000块银元的买价，在石景山东麓征购了1300亩土地，作为炼铁厂建设用地。

1921年春天，从美国购买的冶炼设备运抵石景山，有大型炼铁炉1座；热风炉4座；蒸汽机驱动卷扬机1台；送风机2台；大型蒸发锅炉5座。这套当时世界最先进的炼铁生产设备，耗费了龙烟铁矿炼厂总投资的一多半。按照美国工程师格林的设想，石景山炼厂建设工期为一年。然而，资金短缺却使工程陷入困境。1922年4月，陆宗舆召开紧急董事会，通过了《拟增加五百万元公司资本案》，在添募股东之前，拟发行债券400万元，以解燃眉之急。可是债券尚未发行，第一次直奉战争就在石景山炼厂周围爆发了。奉系军阀张作霖统帅12万大军，分东西两路向直系军阀吴佩孚的10万人马发起进攻。两

◆ 美国贝林马肖公司设计、马歇尔公司制造的石景山炼厂1号高炉

军在长辛店、马厂一带打得昏天黑地，吓得美国工程师格林仓皇撤离，炼厂建设被迫停顿。这场战争以直系军阀的胜利告终，曹锟和吴佩孚控制了北京政府，总统徐世昌被迫去职，陆宗舆的靠山倒了。

刚刚爬上政治巅峰的直系军阀首领曹锟与吴佩孚控制北平后，迅速把手伸向战争后盾和经济命脉——龙烟铁矿公司。1922年6月11日，一队荷枪实弹的士兵突然包围了陆宗舆的住宅，搜遍了房间和院落，却不见陆宗舆的踪影。老谋深算的陆宗舆早已收拾细软，携带妻妾逃往天津，在日租界宫岛街（今鞍山道70号）"乾园"当起了寓公。这以后，陆宗舆曾几度复出，任过临时参议会议员、张作霖安国军外交讨论会委员、交通银行股东会长、总理。

晚年的陆宗舆，对石景山炼铁厂依然魂牵梦绕。卢沟桥事变之后，他被日本人推举为龙烟煤矿、铁矿公司督办和南京汪伪政府行政院顾问。但是，他创办的石景山炼铁厂已经成为支持日本侵略战争的工具，他对这座中国最早的民族钢铁企业已经失去了话语权。那个把龙烟铁矿公司石景山炼厂办成全国赢利第一的最先进企业和"北方工业之中心"的梦想，和他一起永远埋葬在石景山炼铁厂附近的山坡上。

钢铁魂

gang   tie   hun

毛泽东支持首钢工资改革

周恩来到工人家里串门儿

刘少奇在首钢的深刻思考

朱德的钢铁情怀

发生在首钢『春天的故事』

除夕夜江泽民看望炼钢工人

彭真指导首钢提高发展质量

万里心系首钢

华国锋正月初一拜大年

毛泽东支持首钢工资改革

　　1948 年 12 月 17 日，人民解放军第四野战军消灭了盘踞在京西石景山地区的国民党守军。从此，石景山钢铁厂回到人民手中。当时，石钢工人半个多月未发薪水，家里已经断了炊。解放军立即调来 25 万斤粮食进行救济，石钢职工每人领到了 25 斤小米和 8 斤玉米。

　　据《1981 中国经济年鉴》公布的国民经济主要数据显示：1949 年的中国，年人均工农业总产值只有 86 元；年人均国民收入为 69.29 元；年人均社会商品零售额是 25.94 元；年人均占有的工农业产品分别是：原煤 59 公斤，发电量 7.9 度，原油 0.2 公斤，钢 0.29 公斤，布 3.49 米，糖 0.37 公斤，粮食 209 公斤，棉花 0.82 公斤，油料 4.7 公斤，水产品 0.83 公斤。

　　在物质匮乏的条件下，石钢工人怀着对共产党、毛主席感恩的心情投入了在废墟上发展新中国经济的劳动。1949 年 1 月 9 日，铸造厂恢复部分生产；4 月 21 日，焦炉点火，炼出第一炉焦炭；6 月 26 日，一高炉投产出铁；当年生产铁 2.6 万吨，超额完成国家计划；1950 年，设计能力日产 250 吨的一高炉创造了日产 376.36 吨的新纪录；1951 年 2 月 10 日，二高炉修复投产。4 月 7 日，一高炉完成大修，容积从 389 立方米扩大到 406 立方米，同时还将日伪时期建设的三座小高炉进行了修复，使炼铁生产全部得到恢复。

三年恢复时期，旧的工资分配制度带来的矛盾日益突出，由于分配标准不统一，工资计算单位和支付办法各地也都不一样。如工资计算单位，北京和天津用小米；上海、南京、西安、重庆、武汉用折实单位。这样就很难计算全国的工资总额，影响国民经济计划管理，对当时国民经济的恢复和发展，是十分不利的。同时，随着社会主义公有制的不断完善，在分配领域实行按劳分配原则的条件也逐步具备。于是，改革工资制度，提到了党和政府的议事日程。

1950 年 2 月，《人民日报》发表的《学会管理企业》社论指出："以统一的、合理的、科学的制度，逐渐代替国民党遗留下来的混乱的、腐败的、不合理的制度，是当前管好企业所必须采取的一个重要步骤。"社论强调，工资制度的不合理，不仅不符合按劳分配的原则，而且大大妨碍着其他各种制度的统一。

1950 年 8 月，中央劳动部和全国总工会联合召开全国工资准备会议，制定了《工资条例草案》、《工资条例说明书》、《全国各主要地区"工资分"所含物品牌号及数量表草案》、《各产业工人职员工资等级表草案》等文件。确定了改革工资制度的三条原则：一是在可能的范围内，把工资制度改得比较合理，打下全国统一的、合理的工资制度的初步基础；二是一定要照顾现实，尽可能做到为大多数工人拥护；三是要照顾国家财政经济能力，不能过多增加国家负担。同年 11 月，中央对这次会议讨论的问题，以及有关调整工资的方针作了重要指示：各地、各企业、各单位工资高低不一，是由于各地人民生活水平不同，以及中国过去半殖民地的状况，加上国民党政权从中操纵的结果。其中有许多不公平、不合理的现象，影响生产、影响团结，应当调整。但工资是工人赖以为生的基本要素，因此，处理工资福利问题必须十分慎重。调整工资的目的在于使现有的工资较为公平合理，便于发展生产、增强团结。

1951年政务院财政经济委员会又明确指出：在工资问题上，采取由地区到全国逐步清理、逐步统一、逐步调整的方针。从1951年起，华北、华东、中南、西南、西北等地区，参照全国工资准备会议上提出的工资制度基本模式，根据各自的情况，在适当增加工资的基础上，先后普遍进行了工资改革。这次工资改革的主要内容是：

一是统一以"工资分"为工资的计算单位，并规定工资所含实物的种类和数量。所谓工资分，就是以一定种类和数量的实物为计算基础，以货币支付的工资计算单位。全国统一的"工资分"所含实物的数量是在吸收老根据地经验的基础上，根据北京、天津、太原、张家口、宣化、武汉、济南、上海及东北等地区的职工家计调查材料拟定的。每一工资分，按照当时一般工人生活的实际需要，折合为粮0.8斤、白布0.2尺、食油0.05斤、盐0.02斤、煤2斤。采用工资分作为工资的计算单位，在当时物价不稳，各地物价差别很大的情况下，不仅保证了职工的工资收入不受物价波动的影响，而且为统一工资标准创造了条件。

二是企业工人实行新的工资等级制度，职工实行新的职务等级制度。国营企业的工人大多数实行八级工资制，少数实行七级工资制或六级工资制。最高工资和最低工资的倍数一般为2.5倍到3倍，多数为2.8倍。八级工资制的实行，彻底废除了旧中国遗留下来的半殖民地、半封建性质的工资制度，是当时企业开始贯彻按劳分配原则的重要标志。

三是推广计件工资制和奖励工资制，建立特殊情况下的工资支付办法。解放初期，一部分企业仍实行旧式的计件工资制。这种计件工资的计件单价和劳动定额都是企业随意规定，很不合理。在这次工资改革中，各地区的试点经验证明，只有在新的等级工资制度的基础上，适当实行计件工资和奖励工资，才能比较好地体现按劳分配原则。各地在工资改革中，规定了划分工作物等级和计算计件单价的原则，规定了按平均先进水平制定和修改劳动定额的原则，提出了改革旧计件、推广新计件办法的要求。各地区还大力推行奖励工资制，对奖励的条件、考核指标、奖金额等作了规定。

四是制订了工人的技术等级标准。在工资改革中，各产业或企业结合本部门、本单位的实际情况，制定了工人的技术等级标准，根据技术标准评定工人的技术等级和工资等级。一部分单位按技术标准进行考工定级，大多数单位采取考工与评议相结合的办法定级。

石景山钢铁厂现行的工资体系是日寇占领时期和国民党接管后遗留下来的，工资等级竟然达 105 级之多，级差最小的不到 2 两小米。而且与当时北京市建筑工人的工资差距很大。如石钢炉前工月工资实物小米为 249 斤，平均每天 8 斤多，而北京市建筑工人日实物工资为 14 至 18 斤小米，相差近一倍。1949 年 1 月，石景山钢铁厂在资金非常困难的情况下，降低了一些高级管理人员的工资，增加了部分工人的工资。之后，又经过两次调整，工人收入有了较大提高，如解放前一等员工月薪为小米 285 斤，二等为 248 斤，三等为 220 斤，临时工为 159 斤。调整后，分别达到 492~623 斤，404~557 斤，273~426 斤和 207~325 斤，同时在改善职工住房、医疗、洗浴、子女入学等条件上也做了大量工作。

1951 年 4 月，根据上级指示，石景山钢铁厂开始进行解放后第一次工资改革。考虑到钢铁工人劳动强度大、原工资偏低的情况，石钢党委经过认真的讨论研究，测算了工资调整的范围和幅度，提出了《关于进行工资改革实行八级工资制方案》，计划全厂工资增加面 98%，工资总额增加 18.77%。1951 年 5 月 22 日，石钢党委将方案分别报请北京市政府劳动局和重工业部钢铁局审批。5 月 25 日，北京市劳动局批复同意，而重工业部钢铁局则认为石钢职工工资增加幅度偏高，突破了上级规定的比例，迟迟未作批复。由于工资改革没有结果，一些职工思想出现波动，不安心工作，甚至想调离石钢。

面对这种情况，石景山钢铁厂党委书记赵焕然和厂长周家华召开党委会进行了研究，决定向毛泽东主席反映问题。1951 年 8 月 31 日，石景山钢铁厂党委向毛主席呈报了《关于工资改革的报告》，反映石钢工资改革情况和问题。信件送到中南海后，工

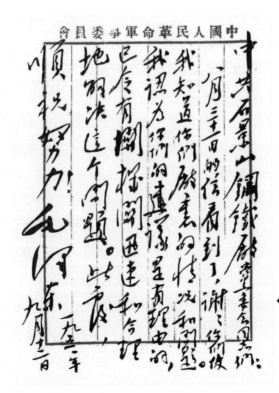

◆ 毛泽东主席给石景山钢铁厂党委的亲笔信

作人员当时没有马上呈送到主席案头，毛主席知道后生气地批评道："共产党员不为工人阶级办事，还算什么共产党员！"

毛主席对石钢党委的报告非常重视，当即批转有关部门处理。9月12日又给石钢写了亲笔信：

中共石景山钢铁厂党委会同志们：

8月31日的信看到了，谢谢你们使我知道你们厂里的情况和问题，我认为你们的建议是有道理的，已令有关机关迅速和合理地解决这个问题。此复，顺祝努力！

毛泽东

一九五一年九月十二日

当领袖的信函送到石景山钢铁厂时，石景山下沸腾了，人们奔走相告，潮水般涌到石钢办公厅，观看镶在镜框里的毛主席手书，久久不肯离去。

在毛泽东主席的亲切关怀下，石景山钢铁厂党委反映的问题，不到一个月便得到妥善解决。98%的石钢职工增加了工资，全厂工资总额增加30.8%。新工资制度统一以"工资分"为工资的计算单位，一个工资分由0.8斤小米、0.2尺布、0.05斤食油、0.024斤盐、2斤煤等五种物价组成。1951年9月25日，石景山钢铁厂党政工团领导代表全厂职工向毛主席写信，汇报了石钢工资改革后的情况。

人民领袖的关怀，极大地激发了石钢职工的爱党爱国热情。到1952年底，石景山钢铁厂职工总数由1949年的5067人增加到14025人；固定资产原值从1949年的2411万元提高到10071万元，增长了4倍多；生铁产量从1949年的2.53万吨激增到1952年的34万吨，比日本和国民党统治11年的28.6万吨总产量还多5.4万吨；全面完成了三年恢复时期的国家计划。

周恩来到工人家里串门儿

　　周恩来总理生前多次视察首钢，对首钢人倾注了深切的关怀和期望。1957 年 9 月 8 日，周总理来到首钢，听取了厂领导的工作汇报，对企业的机构、附属事业单位和扩建等问题作出指示后，特意指示要从工人中培养工程师。他说，工人同志有实践经验，完全可以培养成为工程师，工人阶级要管理好企业，也必须要有自己的工程师。

　　1970 年 6 月 8 日，周总理在全国重点钢铁企业座谈会上，详细询问了首钢矿山建设情况，指示矿山建设要加紧进行，代表党中央表达了对首钢的厚望："首钢嘛，是首都的钢厂，既然是首，就要带头。"

　　在首钢人的记忆中，最令人难忘的是周总理到工人家里串门儿的故事。

　　1956 年 5 月 20 日，暮春时节的石景山草木葱茏，山花烂漫。十里钢城机车穿梭，马达轰鸣，一派热火朝天的生产景象。晌午刚过，一辆小轿车开进位于钢城北侧的铸造新村，停在一棵大槐树下。车上下来两个人，一位是国务院总理周恩来，一位是石景山钢铁厂党委书记肖平。今天，日理万机的周总理放下公务，特地来到厂里了解职工的工作和生活情况。上午，总理来到烧结工段，看到工人劳动强度大，工作环境艰苦，指示厂领导要设法改进现场劳动条件，关心职工健康，要为工人提供豆浆和牛奶。接着，总理又来到职工住宅区，看一看工人家庭生活情况。

一幢幢红墙灰瓦的工人宿舍整齐地排列在山脚下，空气里弥漫着槐树花的清香。周总理微笑着向跑过来观看汽车的孩子们招招手，轻轻叩响了石钢职工学校教师李桂茹家门。李桂茹的母亲正在收拾屋子，应声打开房门一怔，站在面前的客人身着银灰色中山装，浓眉下的目光神采奕奕，透着亲切慈祥……好像在哪儿见过，咋这么眼熟呢？见桂茹娘愣了神儿，肖平书记忙介绍道："这是咱们的周总理，到你家串个门儿。"桂茹娘

◆ 1958 年 10 月 16 日，周恩来到北京钢厂视察时与工人亲切交谈

虽然不识字，心里却明白，总理就是国家的宰相呀！可眼下闺女和姑爷都不在家，俺一个老婆子能跟总理说啥呢。"总理，您快请坐，这房子俺们刚搬进来，还没收拾利落呢。"桂茹娘搓着手，紧张又激动地说。

周总理坐在凳子上，打量屋里的陈设。靠墙放着木板床，窗前摆着一张二屉桌，雪白的墙壁，一尘不染的玻璃窗，屋里显得格外敞亮。见桂茹娘拘谨地站在一旁，周总理笑着说："大嫂，你坐呀！我是人民群众的勤务员，咱们是一家人嘛！"桂茹娘坐下后，总理和她拉起家常："大嫂是哪里人呀？""总理，俺叫张玉琴，老家在吉林长春。我闺女有四个小孩，两口子顾不过来，让我给他们搭把手。""长春是个好地方呀！东北人喜欢吃高粱米，这里高粱米少一些，你生活习惯吗？"周总理关心地问。"习惯啦，北京的生活比长春还要好。"

"女儿和女婿，都在哪里工作呀？"周总理问。"两口子都是老师。姑爷在北京朝阳区关东店小学教书，女儿在石钢职工学校工作。"

"今天是星期天，他们怎么都不在家啊？"

"姑爷领着孩子上山玩去了，闺女教课多，每天作业都是一大堆。她一早就到学校批改作业去了。"

"他们夫妻俩工资是多少钱啊，你们一家七口够用吗？"

"闺女每月40多块钱，姑爷挣得多点儿，60多块。如今吃的用的都便宜，俺一家过得挺好！"桂茹娘满足地说。

"好啊！大嫂，生活上有什么难处，你们就向肖平同志反映。"周总理微笑着指指肖平，接着说，"我们共产党人打天下，就是为了让老百姓过好日子嘛！"

离开李桂茹家，周总理又来到铸造厂机械车间职工纽善福家。落座后，桌子上纽善福的夜校课本吸引了周总理的视线，他拿过来一边翻阅着，一边打开了话匣子："你现在学到哪一课啦？""正学詹天佑这一课。"纽善福回答。"喔，这是我们中国伟大的工程师。"周总理笑着说。

在旧社会饱受日本鬼子和国民党反动派欺压的纽善福，做梦也没有想到周总理能到自己一个普通工人家里做客，心情激动得不得了。看见周总理又拿起自己的作业本，心脏紧张得怦怦直跳，生怕总理挑出毛病。

周总理见纽善福脸色通红，笑道："你的作业尽是5分，写得很好嘛！我们只有学好文化，才能当好主人！"

总理的夸奖，让纽善福心里乐开了花，他不住地点头向周总理保证："我一定努力学习！"

纽善福和周总理面对面坐着，回答着总理的问话。时间在流逝，人民总理的心和钢铁工人的心紧紧贴在一起。

周总理和纽善福聊了一阵子，看看手表说："纽师傅，咱们合个影吧！"摄影师手中的照相机灯光一闪，将这个感人时刻定格在史册上。

周总理从纽善福家出来，打算去另一家访问时，听说这个职工上夜班，正在睡觉，他连忙摆手，轻声说："不打扰，不打扰，让他好好休息吧。"

接着，周总理又驱车来到金顶街职工家属宿舍访问。他走了一家又一家，亲切地向人们讲道："我们的国家现在还很穷，大家要努力发展生产，繁荣经济，生活才能不断改善。"

周总理到工人家里串门儿的消息，像和煦的春风吹遍了石钢职工宿舍区，吹遍了十里钢城。夜深了，家家户户的窗子里还闪着温暖的灯光，人们沉浸在幸福和喜悦里。李桂茹从学校回来，让母亲把总理来家看望的情况原原本本地讲了好几遍，感动得直抹眼泪。纽善福一家人围坐在一起，你争我抢地抚摸着周总理看过的作业本。

　　周恩来总理来钢铁工人家里串门儿不久，石景山钢铁厂按照国家统一部署，开始了第二次工资改革。这次改革取消了工资分制，实行货币工资制。同时对工资等级制度进行了改进，使熟练工、技术工和轻、重体力劳动之间的工资标准有了合理差别。全厂有4954名职工晋升了工资，占职工总数62.13%，职工收入平均提高了15.1%。李桂茹和纽善福都增加了工资。

刘少奇在首钢的深刻思考

　　1958 年初，毛泽东在南宁会议上提出了要"破暮气，走出办公室"、"下去跑跑"的建议。这年 2 月到 11 月，时任全国人大常务委员会委员长、中共中央副主席职务的刘少奇，除了参加中央在成都、广州、郑州、武汉等地召开的会议外，基本上都在外地视察，把主要精力放在了调查研究上。在将近一年的时间里，他先后视察了北京、河北、山西、四川、天津、山东、河南、安徽、江苏、上海、浙江、湖北等省市的农村和厂矿基层单位。这期间，刘少奇赞成过"大跃进"，表达过关于社会主义建设的一些重要思想；也察觉了"大跃进"暴露的一些问题，提出了相应的调整措施。他在广泛深入的调查研究中，不断深化了对如何走中国社会主义道路的认识。

　　1958 年 7 月 1 日至 4 日，刘少奇偕夫人王光美和秘书、卫士长来到石景山钢铁厂，进行了为期四天的调查研究。当时，石景山钢铁厂正在热火朝天地实施扩建工程。早在 1957 年 7 月 2 日，冶金工业部审查通过了《石景山钢铁厂扩建设计任务报告书》，报告书的主要内容是：石景山钢铁厂在第二个五年计划期间投资 2 亿元，建设三号高炉、三号焦炉、烧结机、初轧机、小型连轧机、电焊钢管厂等工程，形成年产 90 万吨铁、

48 万吨钢锭、40 万吨钢材的钢铁联合企业。同年 12 月 31 日，国务院批复同意石钢扩建方案。1958 年 3 月 22 日，冶金工业部批准石钢扩建采取基建投资大包干的办法，并决定在原定 2 亿元的基础上，再增加 4000 万元，使生产规模达到年产 140 万吨生铁、60 万吨钢的水平。

"大包干"极大地激发了石钢职工的创造力和劳动热情，但是 2.4 亿元投资算来算去，还差 4000 万元缺口。怎么办？石钢职工决定自力更生。他们艰苦奋斗，千方百计降低费用，到工厂附近的永定河滩挖浇筑混凝土用的砂石，仅此一项就节约投资 280 万元；他们背着干粮到四川砍伐竹子，代替施工用的杉篙脚手架。运竹子的工人乘竹排在长江上顺流而下，饿了啃干粮，渴了饮江水，七天七夜漂到武汉，再将竹子装火车运回北京；很多职工出差坐火车几天几夜不买卧铺，一年就节约差

◆ 刘少奇在首钢调研期间，到苹果园小区慰问工人家属

旅费 16 万元。三大工程从 1958 年 5 月 28 日开工到 1959 年 5 月底竣工投产，仅用了一年工期，创造了中国钢铁工业建设史上的高速度，也成为国有企业探索改革计划经济管理体制的成功范例。刘少奇就是在石钢实行基建投资大包干的背景下来厂里调研的。

刘少奇在石钢调查研究的四天里，白天到工地劳动，和干部职工座谈，晚上下榻在石景山下的红楼招待所。"两个小沙发、一个大衣柜、两个单人床、一张写字台，天气特热，连个电扇都没有。刘少奇对待红楼的工作人员很和蔼、亲切、平易近人。吃饭也都是家常便饭，两荤一素一汤，吃了一次水饺，一次打卤面，一次家常饼。"这是当时为刘少奇做饭的红楼厨师刘庆的回忆。

一天，炼铁厂门口正在修柏油马路，刘少奇身穿灰色布衣，戴着草帽走过来。修路的工人们兴奋地向他鼓掌，刘少奇笑着招招手，抄起铁锹便干起来。劳动当中，刘少奇和工人用一个碗喝水，拉着工人的手询问他们工作学习情况。

刘少奇热情地肯定了石钢大包干："这是一个发现。同是这么多钱，包给你们就多点儿，不包就少点儿。这是什么道理？这就是一个生产关系问题。"他进一步指出，"包，生产力就高些，你不包，就低些，可见不包干的这个办法阻碍生产的发展。潜力原来就有，但是你用包干办法就发挥了。"刘少奇从这一具体经验出发，提出了改革管理体制，扩大企业权力对发展生产的重大意义："实行投资包干，你们叫当家作主，实际是权力下放。把权力交给你们，别人不当这个家，毛主席不当这个家，周总理不当这个家，市委、冶金部也不当，你们说了算。这是权力问题，也是积极性的问题。"他鼓励石钢领导在扩大企业权力方面多探索一些经验。

在"大跃进"正进入高潮，到处都在发扬不计成本、不分彼此的"共产主义精神"的时候，刘少奇却对石钢创造的大包干发出了由衷的赞叹，并敏锐地把它提高到改革管理体制、调整生产关系的高度。这对于整个"大跃进"来说是不和谐的声音，真实地反映了刘少奇思想中一个十分重要的变化。刘少奇在同石钢领导座谈时还指出，工业的分布是集中好还是分散好，这是个原则问题、方针问题。在每个县摆两三个厂，加些小厂，工人农民可以合起来，工业农业、工人农民、城市乡村就没有好多区别了。消灭区别是历史上的大事，城市乡村、工人农民的区别是大为不利的。把工厂摆得分散一点，工人农民在一起，双方都有好处，工人可以种地，农民有权进工厂。

刘少奇在石钢调研期间，还同北京市委工业部长陆禹、石钢党委书记肖平、厂长周冠五、丰台区委副书记李杏树等人座谈，提出了在石景山地区可以依托大企业联合农村试办工农结合的社会经济组织，粮食蔬菜副食品自己搞，把学校商业服务业都统起来，工农商学兵五位一体的设想。他还走访了苹果园石钢家属宿舍区、北京市七十六中学（今北京市苹果园中学——作者注）。在职工家里，刘少奇坐在长条板凳上，吸着烟卷，微笑着同刚刚搬进新居的女主人拉家常。在北京市七十六中学，刘少奇对师生们说："为了青少年的身心健康和德智体全面发展，学生不但要以学为主，还要走出校门，接触社会，搞勤工俭学。学习工人阶级的优秀品质，继承和发扬无产阶级的优良传统，提高自身素质修养。"

在石钢调查研究的这段经历，给刘少奇如何建设中国社会主义带来了深刻思考。1959年11月，刘少奇在中央学习苏联《政治经济学教科书》的讨论会上说，"要研究经济中的主要矛盾；生产关系与生产力的矛盾。"他认为，全民所有制和集体所有制的矛盾，要研究。全民所有制内部、集体所有制内部也有矛盾，也要研究。不要认为全民所有制内部没有问题了，有的中央工业和地方工业之间，就有不少问题。"举个例子，石景山钢铁厂，国家投资两亿四千万元，准备五年扩建为六十万吨钢、一百二十万吨铁的企业（应为 140 万吨——作者注），实行了投资包干，于是钢铁生产规模增了一倍，扩建时间缩短了一半。投资还是那么多，还是那个全民所有制，生产力猛增许多，生产力从哪里来？无非是投资归谁掌握的问题。从冶金部掌握、所使用，变成归石景山钢铁厂所掌握、所使用。生产力不是从天上掉下来的，本来就有，只是过去没有得以发挥而已。""冶金部是全民所有制，石景山钢铁厂也是全民所有制，都是全民所有制，由谁来体现，用什么方法去执行，结果就大不相同，这里面大有文章可做。石景山钢铁厂有使用权，没有所有权，我看使用权就是所有权。这里，厂长、党委书记就代表国家。他的积极性就大大提高了。全民所有制是否就不要发展了，不需要调整了呢？要不断调整，到共产主义社会还是要调整的。""先进的生产关系与落后的生产力的矛盾，这一提法是不对的。生产关系跑到生产力的前头，没有基础了，就会破坏生产力。"

首钢基建投资大包干的做法，对刘少奇用"包产到户"和"责任田"发展农村经济思路的形成产生了深刻影响。后来，"包产到户"成为刘少奇的一大罪状。但是，他当年在首钢培育的大包干种子，在这片土地上深深扎下根，二十多年后破土而出，结出了累累果实。

朱德的钢铁情怀

钢铁是巩固国防的基石。人民军队的主要缔造者之一朱德元帅，对新中国的钢铁工业始终怀有特殊的感情。在我国的钢铁企业中，由于北京西郊石景山下的首钢离中南海最近，朱德在繁忙的国务活动之余，去的次数也就最多。冶金工业部的资料显示，建国后朱德曾经 50 次视察全国各地钢铁企业，其中有 14 次是视察首钢，而首钢的档案记载则是 23 次。

1949 年 7 月 1 日，石景山钢铁厂经过 4 个月艰苦修复，在中国共产党的生日这天举行投产典礼。朱德专程前来祝贺，他身穿布衣，头戴草帽，像一位慈祥的老父，操着浓重的川音，勉励职工努力发展钢铁工业，为建设新中国做贡献。

1951 年底，石景山钢铁厂胜利完成当年生产任务，厂党委以全体职工的名义致函朱德汇报工作情况。朱德看完来信很高兴，拿起毛笔，饱蘸浓墨，给石钢职工写了回信：

石景山钢铁厂全体职工同志们：

你们去年十二月三十日的信已经收到。经过去年一年的努力，你们不仅提前完成而且超过了国家所规定的生产任务，我特向你们祝贺！

你们的厂是我国仅有的几个钢铁厂之一，我曾亲自来看过。看到过去被国民党反动派所破坏的厂，在你们手中正一天天地恢复和发展起来。你们厂的负责同志告诉我，厂里现已开工的两个高炉，和原来当作废品的两个小炉，都是工人同志们以很大的热情迅速修复的，并且它们的生产量都已远远超过敌伪时期的最高纪录。这些表明同志们已能够以国家主人翁的态度来担负起自己的生产任务。你们的厂目前虽然还只能每年生产几十万吨，但国家对它希望很大，它是有很大发展前途的。因此，我希望你们更好地努力，学习苏联的先进经验，学习钢铁生产方面的新技术，为石景山钢铁厂未来的发展，奠定一个稳固的基础。

在领导方面，应该紧紧掌握依靠工人阶级发展生产的方针，以便以最快的速度来完成国家的建设石景山钢铁厂的计划。最后，希望同志们于一九五二年在生产战线上取得更大的胜利，并祝你们身体健康。

此致

敬礼！

朱　德

一九五二年一月二十一日

1958 年春天，首钢实行"基建投资大包干"，打响了扩大再生产战役，兴建了三高炉、三焦炉、烧结厂三大工程；上马了电焊钢管厂和 300 小型轧钢车间。朱德闻讯后兴奋地表示要为首钢扩建工程剪彩。5 月 28 日下午，朱德来到首钢。因为时间尚早，首钢领导请他先到红楼招待所休息。朱德一落坐，就高兴地说："要开工了，应该搞快点！这次'八大'的精神，你们都知道了嘛，在北京搞个大的钢铁基地，不仅在经济方面，而且在政治上也有很大影响。"朱德勉励的话语，深深地

◆ 1958 年 5 月 28 日，朱德在石钢听取企业发展规划汇报

感染着首钢的同志们。那时候，首钢还没有自己的矿山，准备在河北迁安开发铁矿。听到首钢领导汇报建设矿山计划时，朱德高兴地说："好啊！你们敢干不敢干？有没有信心？"大家答道："有信心！"首钢领导打开工厂扩建平面图，请朱德审阅。他戴上老花镜，看得十分仔细。当看到烧结厂和炼钢车间等项目时，他风趣地问："是不是要全面开花啊？"得到肯定的回答后，朱德微笑着赞许道："很好！搞快点，紧凑一些。"又说："建筑工程部不是在北京吗？听说他们有很多机械，跟他们要点儿嘛！"

朱德一面审视图纸，一面关切地问："制造厂怎么样了？"首钢领导汇报说："我们搞了一个扩建计划，报到部里了。打算搞成一个能生产大型设备的制造厂。"他听了很满意："好，一定要搞成一个能生产大型设备的制造厂。这是工业的母机，我们国家需要！"

朱德每次来首钢，都是轻车简从。他怕给厂里添麻烦，常常不通知厂领导，直接到一线调查研究。1958年9月1日，朱德来首钢视察了烧结厂、三高炉、三焦炉等建设工地，对着平面布置图提出了一连串问题，与厂领导探讨解决办法。谈到扩建中的机械制造厂时，他说："你们自己把机床搞起来，就方便了，就有把握了。"他关切地问："机器厂的人有问题吗？发展有问题吗？有限制吗？要是有限制的话，那就一段一段地、一期一期地搞……"

当时全国正在搞"大跃进"，全民大炼钢铁。朱德在谈话中讲道："各地小高炉已经搞起来了，他们自己上山背矿，什么地方有，就在什么地方取，交通不便，自己背矿、炼铁，很苦。"首钢领导介绍说："附近有些县办的小高炉，我们给了一些帮助，交通不便的地方，我们打算提供小推车等运输工具，帮他们解决交通问题。"朱德听了建议道："他们上山背矿，人多势众。你们做个计划，把这些矿石收起来，怎么样？不要赚他们的钱，不亏本就行了。你们做得到吗？"

朱德这番话实际上是保留了对"全民大炼钢铁"的看法，希望钢铁企业发挥正规军作用。

当时正值"国庆"前夕，工人为了超额完成任务，想方设法克服困难。生产建设需要的耐火材料不能保障供应，工人就到附近的门头沟山区找来原料，自制成耐火砖和耐火土，保证了施工进度。朱德赞扬了工人自力更生的精神，建议首钢自己搞个耐火材料厂。这次视察，古稀之年的朱德下工地、登高炉，走了很多地方，边看边谈，没有一丝倦意。快到中午时，首钢领导请他到红楼休息，他看了看表说："还是赶回去吧。"在登车离厂时，他回过头来殷切地鼓励首钢领导："加劲地干，快点干吧！"

朱德对首钢的关怀，还体现在对生产工艺流程的关注上。每次来首钢，他总要提出一些专业性很强的问题，遇到不明白之处，他总要反复地询问，要求工程技术人员解释得更详细些，直到弄明白为止。"三高炉开炉一个月以后的生产水平是多少？""三焦炉一天能出多少焦炭？""迁安铁矿明年可以生产多少矿？""磁选后含铁量多少？""运输问题怎么解决？"等等，朱德对钢铁工业细致入微的关怀，令首钢干部职工感奋不已。首钢第一座小转炉投产后，朱德兴致勃勃地来到炼钢车间，叫人搬来一把椅子，坐下来凝神观看了小转炉炼钢全过程。

1958年初发生的一件事，也生动地印证了朱德元帅的钢铁情怀。1950年，美国著名记者、作家和社会活动家史沫特莱在临终前留下遗嘱：将她写的《伟大的道路——朱德的生平和时代》一书的稿费转交给朱德。这笔稿费后来存放在中国驻德国大使馆。1958年2月，中国驻德国使馆向朱德请示95008.30马克稿费如何处理，朱德批示道："买自然冶金科学新书、化学新书寄回！"

1959年5月15日，朱德视察首钢时，对厂里的生产和发展情况问得格外仔细，首钢领导打开工厂平面图，向他汇报生产布局情况和下一步计划。他一边听，一边看，点头称赞道："你们的雄心更大了！"听完汇报，朱德兴奋地说："我在苏联乌克兰呆了一天，他们的大高炉容积一千九百多立方米，三个月搞成一座。我们将来也可以搞大的。你们搞一千万吨还不算大，可以搞两千多万吨。"

"文革"期间，朱德遭到了政治迫害。在那个动荡的岁月里，中国钢铁工业在曲折中艰难前进。林彪折戟沉沙后的

1972 年初，朱德突然来到首钢，这是他阔别石景山 12 年后再一次来厂里，也是他生命历程中最后一次视察首钢。十里钢城寒凝大地，万木凋零。已是 86 岁高龄的老元帅不要别人搀扶，拄着手杖在严寒中走了一厂又一厂，转了一个车间又一个车间。

1991 年 11 月 22 日，朱德诞辰 105 周年前夕，由首钢出资铸造的朱德铜像，在他的故乡四川省仪陇县落成揭幕。共和国元勋的钢铁情怀和首钢人对元帅的崇敬，在铜像里化作永恒。

发生在首钢 "春天的故事"

1992 年早春，邓小平在中国东南沿海地区发表了著名的"南方谈话"。这年 5 月 22 日，他又来到北京西郊石景山，视察了以推行工业承包制闻名海内外的首钢总公司。

这天上午，邓小平乘坐的面包车驶进首钢厂东门，等候在路旁的干部职工热烈鼓掌，向这位改革开放的总设计师致敬。汽车在镌刻着"月季园"镏金大字的仿古牌坊前停下来，北京市委书记李锡铭、市长陈希同和首钢党委书记周冠五等人迎上前去。

邓小平在夫人卓琳和女儿邓楠、邓榕的陪同下走下汽车。老人家身着米黄色夹克衫、灰色西裤，面色红润，精神矍铄，微笑着向众人致意："我早就想来。""首钢职工早就盼望着您来了！"周冠五说。

明媚的春光里，占地 7 万平方米，拥有 300 个品种、11 万株花卉的首钢月季园万紫千红，蜂飞蝶舞，百花争艳。漫步在花丛中，邓小平对周冠五说："我家种了十几年月季花，也没有这里长得好。"周冠五应道："那我派人给你改造一下。"邓小平摆摆手说："不用了，你还是专心致志管理企业，把钢铁抓好吧。"望着满园春色，邓小平又说："首钢我一直想来，可是以前太忙了，这次来就是为了了却一桩心愿。"

邓小平对钢铁工业的深情，感染着首钢干部职工。他的目光投向月季园东面一座银灰色厂房，周冠五介绍说："那是从比利时买的二手设备，拆回来建设的第二炼钢厂，已经达到了现代化水平。"邓小平点头称赞道："这是条捷路，水平并不低。"周冠五说："当时是您批的。"邓小平说："主要是大家干的。"

邓小平步入月季园迎宾厅，在会议桌旁落座，听取周冠五关于首钢改革发展情况的汇报。周冠五回忆道："1960 年您上这儿来过。"小平说："那个时候的主要企业差不多我都看过，你们和那个时候的面貌完全不一样了。"周冠五简要地汇报了首钢改革后发生的变化：1978 年，首钢开始改革，当时年产钢只有 170 多万吨，在全国八大钢中排名最后。这几年发展特别快，现在钢产量已排到第二了。邓小平点头说："我赞成你们。"讲到这里，他指指自己的头说："主要是解放思想，换个脑筋就行了，脑筋不换哪，怎么也推不动。同样是忙忙碌碌，辛辛苦苦，可干起事来，慢慢腾腾，看不见新的气象。想的面宽了，路子也就多了，就更好了。"

邓小平讲的"换脑筋"，揭示了解放思想的历史作用，触及了阻碍改革的深层原因，指出了推动改革的原动力。

在谈话中，邓小平称赞了首钢的改革经验，肯定了首钢十几年来在改革开放过程中取得的成就。他意味深长地说："路啊，历来是明摆在那里的，是走得快，还是走得慢；是走得好，还是走得坏，那就看你走的路第一是对不对，方向对不对；第二是走得好不好。"讲到这里时，小平对周冠五说："你们两条路都走对了。"

小平接着说："现在都在说改革、改革，什么叫改革？怎么改呀？改了以后又怎么走啊？可以走得快，也可以走得慢，可能走得好，也可能走得坏。同样的条件，结果不一样啊！还是要看人的因素噢，明摆着是首钢这么好的经验，究竟有多少家在真正地学习啊？学，就要放下架子。"当周冠五汇报到首钢实行跨国经营的做法时，谈到了首钢与美国钢铁企业合作开发转炉自动化技术，小平肯定道："美国人利用你们这个优势，中国人自己不会利用，这是落后现象。"当听到北京市有一个学习首钢的决定时，他说："学习首钢这个决定带点'资'味儿是吧？不要紧，现在就是要给我带点'资'味儿，我也高兴。现在就是要解决把大中型企业搞活这个问题。"他又问周冠五："为什么鞍钢的发展比你们慢一些？"周冠五答："路子没给他们放开。"小平点头道："这是上边的责任。我往南方跑了跑，讲了一些放炮的话，也就是这个道理。我听到的呼声就

◆ 邓小平在首钢炼铁厂观看4号高炉模型

是把手脚给捆住了，怎么走啊？"说到这里，他的语调变得严肃起来："现在就是要解决把大中型企业搞活这个问题呀，要全面动起来才行啊！"

邓小平的话题一直贯穿着如何搞活企业，他说："改革开放进行好的、发展快的企业，在两三年之后就能发挥重要作用，在上缴利税、外汇收入、技术水平等方面，都能够用活生生的事实来证明它的优越。相反，有这样一种意见，认为多交点给国家，管财政的就会少说话了。我不赞成。要求发展好的企业交得太苦了，会打击积极性，不好。"讲到这里，他加重了语气："什么时候都要以不伤害发展企业的积极性为原则，以不减少职工收入为原则。"小平握起拳，举了举说："首钢缴的利税是不少的。有这么些拳头企业、行业，就能够稳住中央的财政，上缴的利税就会更多一点。就是要放开，对中央没有损失，上缴不会少，搞成功了只会增加嘛。只能走这个路。"他强调说："不能走卡紧的路，只能走放松的路，放水养鱼好。"

周冠五汇报说："现在大多数企业90%的钱都上缴了，机动财力太少，立项也比较难。"小平说："真正的毛病就在这里，或者说主要的毛病在这里，就是上层建筑的这个机制、结构的改革问题。要真正给企业权力。我听到同志们反映的主要是这个问题。"接着小平又说："你不搞活，社会主义的优势在哪里呢？为什么不允许改革？这是人的问题，人的思想没解放啊，还有抵触。过去就说姓'社'姓'资'，现在又说别的，反正还有一些人是在看，看你改革开放对不对。"当听到上面的一些部门不肯下放权力时，小平对周冠五说："你们叫啊！"

在谈话中，邓小平还讲道："没有点雄心壮志上不去。经济发展快了，可能会出些乱子的，出了乱子会有人叫好，但是不管他叫不叫，我们要硬着头皮顶住。赞成改革的人，赞成发展的人要挺住。"他对周冠五说："你们就挺住了，挺得好。"他右手挥了挥说："胆子要放大一些，包括这个顶。为什么就有人顶得住，比如你们就顶住了，首钢就顶住了。顶有顶的方法，顶得不得力，方法不对头，没有用处。"

邓小平还特别讲到发展速度问题，他说："什么叫慢？实际上慢就是停顿，停顿就是后退。逆水行舟，不进则退。看样子，如果我们始终保持6%的速度，就是停顿，就是后退，不是前进，不是发展。我们发展速度同资本主义发达国家的发展速度不能一样。他们2%、3%就不错，我们6%并不一定是好速度。因为起点不同，原来的水准不一样，综合力量不一样。我们有些同志满足于6%，满足6%就等于第二个台阶要第一个台阶去补才补得上，迈第三步那就更艰难了。"

小平在听完第二炼钢厂情况介绍后说："要使大中企业不要有自卑感，可以自己干，这是一个机会，扬眉吐气的机会。为什么别人能干出来，我们自己干不出来？我们完全有能力依靠自己的力量干。要虚心接受先进企业的经验，请人当老师，前苏联的人首钢都可以请来用嘛，为什么还不快点请自己人，请首钢的，请宝钢的，还有别的嘛！哪一行都有先进的东西，要虚心地搞，这是个机会。要利用好这个机会，不要抬不起头来，完全可以搞，科技没有国界，只要对我们有利。"他特别强调说："社会主义是干出来的。"

谈到我国钢铁工业发展时，小平说："日本人有过计算，他们一个企业界大老板跟我谈，中国对钢的需求的饱和点大概是一亿一到一亿二千万吨，可以保证国内建设的需要，要搞到一亿吨钢出头，为什么不干呢？没有理由不干。我们现在是

7000 万吨产量，就是说还差 4000 万吨。"他问："进口钢材每年花多少钱？"当听说进口 1000 万吨钢材要花 40 亿美元时，小平说："每年进口 3000 万吨，就是 120 亿美元，我们可以用这个钱自己干。有了我们现在钢铁企业的这个基础，自己动手搞，会省得多。"

周冠五向邓小平汇报了首钢要在山东济宁地区建设一个年产 500 万吨到 1000 万吨级钢铁大厂的设想。小平表示赞同。接着，他又了解了首钢产品出口情况。听说首钢的机电产品和钢材出口几十个国家，老人家欣慰地说："出口大幅度增长，这个非常好。国际市场你能站得住，能够发展，无论穷国、富国，我们都有市场，这就可以放心了。"他扳着手指说："没有通货膨胀危险，没有还不起债的危险，还怕什么？应该胆子大起来嘛！"

邓小平听完周冠五汇报之后，参观了首钢刚竣工投产的四高炉、第二炼钢厂、机械厂重型车间。小平来到哪里，哪里一片欢腾。

邓小平视察首钢后，首钢加快了改革开放步伐：

6 月 4 日，朱镕基副总理来首钢现场办公，研究扩大首钢自主权问题；

7 月 14 日，国务院召开常务会议，批准了《关于进一步扩大首钢自主权改革试点的报告》；

7 月 23 日，国务院明确首钢拥有投资立项权、外贸自主权、资金融通权；

8 月，我国最大热连轧机机架由首钢自行设计铸造成功；

10 月 13 日，采访中共十四大的 50 多家媒体、120 多名港澳台和外国记者访问首钢；

10 月 23 日，同香港李嘉诚的长江实业集团联合收购了香港东荣钢铁集团股份有限公司；

10月30日，购买了美国加州钢厂的全部产权；

11月5日，购买了年产矿石1500万吨的秘鲁铁矿公司；

11月12日，首钢自行设计制造、具有世界一流水平的八流方坯连铸机热试成功；

12月4日，国务院批准齐鲁大厂建设立项；

12月22日，首钢创办的国内第一家工业企业银行——华夏银行开业剪彩。

1992年，首钢各项生产指标均创出历史最好水平，与前一年相比，精矿粉产量增长15.24%，生铁产量增长13.04%，钢产量增长15.7%，钢材产量增长7.66%，销售收入增长37.85%，实现利润增长35.59%，出口创汇增长66.6%。此外，首钢在机械制造、电子行业、航运业、重点工程建设等方面都获得了全面丰收。

邓小平视察南方之后视察首钢，意义非同寻常。首钢作为我国大型国有企业改革的试点单位，它的每一次尝试都涉及我国政治体制改革和经济体制改革的宏观问题，其实质是对建设有中国特色社会主义道路的有力探索。因此，我国改革开放每前进一步，每掀起一次新的热潮，都要引发一场关于首钢经验的讨论。这种"首钢现象"成为我国改革过程中社会问题的集中反映。搞活大中型企业问题恰恰是改革的最大难点，是改革的中心环节。有人认为，在中国，全民所有制大中型企业问题解决得如何，是我国改革向深度与广度进展的重要标志。这个事关改革成败的重大问题，不能不在小平心中占据重要位置。邓小平视察南方之后视察首钢，是加快实施我国改革开放整体战略中的有机组成部分。如果说，深圳、珠海等经济特区，是我国开放的前沿阵地，那么，首钢则是我国改革的前沿阵地。

如果说，小平视察南方，向全国发出了掀起新的改革开放热潮的总动员，解决了一个"面"的问题，那么，小平视察首钢则要推动搞活大中企业，解决一个"点"的问题。

东方风来满眼春，北国也有春风度。发生在 1992 年中国东南沿海和北京石景山下的"春天的故事"，使神州大地春潮滚滚，展现出生机无限、异彩纷呈、气象万千的壮丽景色。

除夕夜江泽民看望炼钢工人

　　1991 年 2 月 14 日是农历大年除夕，在这个举国欢庆、共度良宵的美好时刻，中共中央总书记江泽民在中共中央政治局委员、北京市委书记李锡铭，中共中央书记处候补书记温家宝等同志陪同下，专程来到首钢看望职工，并向全国各族人民、台港澳同胞、海外侨胞拜年。

◆ 江泽民在炼钢主控室看望除夕夜坚持生产的首钢职工，并向全国人民拜年

改革开放以后，中国经济快速增长，对钢铁产品的需求逐年加大，钢铁工业的地位日益突出。1989年6月，江泽民在中共十三届四中全会上当选为中共中央总书记后，不久就分别视察了武钢和上钢一厂。他指出："大中型企业是社会主义经济的骨干力量。国家要帮助大中型企业克服困难，增强大中型企业的活力。大中型企业也要进一步搞好改革开放，为国家多做贡献。" 勉励钢铁企业职工要再接再厉，改革创新。这一年，全国钢产量6159万吨，标志着中国钢铁工业又登上一个新的台阶。从全世界来看，当时年产钢超过6000万吨的国家只有苏联、日本、美国和中国。从年产钢3000万吨发展到6000万吨，美国用了28年，苏联用了9年，日本用了4年，中国用了11年。1990年，江泽民先后视察了太原钢铁公司、包头钢铁公司、大连钢厂、鞍钢、本钢和抚顺钢厂。进入1991年，江泽民在来首钢拜年之前，又在1月10日和2月5日，视察了通化钢铁公司和安阳钢铁公司，对钢铁企业深化改革，加快发展作出一系列重要指示。

傍晚9时许，江泽民在首钢第二炼钢厂门前走下汽车，同迎候在那里的干部职工亲切握手。在厂房通廊里，江泽民与首钢党委书记周冠五边走边谈。周冠五汇报说，这座工厂是从比利时拆迁回来的二手设备，全部投资8.25亿人民币，相当于引进同等规模新设备投资的五分之二左右。从1985年9月开始拆迁到1987年8月出钢，时间不到两年。比利时同行估计拆迁工期至少需要15个月，我们仅用了7个月零20天。比利时媒体盛赞中国工人不知注入了什么伟大的灵魂。江泽民高兴地说："伟大的灵魂就是社会主义工人当家作主的主人翁精神，中国工人阶级伟大就伟大在这里。钢铁工人身上集中了中华民族的优秀品质，勤劳、勇敢、智慧。工人阶级是领导阶级，这一点外国人是比不了的。"

在连铸平台上，周冠五向江泽民介绍周围的职工。当江泽民得知炼钢工孙铁是首钢工厂委员会委员，屠学信是全国劳动模范时，亲切地和他们握手说："年轻人，正当年，正是大干的时候。"在连铸生产现场，江泽民望着通红的钢坯关切地问："夏天操作热不热?"职工们回答："我们有降温措施，有空调器。"江泽民风趣地说："比以前条件好多了嘛，鸟枪换大炮了。"大家都开心地笑起来。看着雄伟的厂房、现代化设备和整洁的车间，江泽民赞许道："像这样的钢厂，真是很不错呀。没有改革开放，你们办不成这样啊。搞活大企业，你们立了一功。"周冠五说："这都是首钢改革后实行承包制带来的变化。企业对国家一头包死了，企业改造就有钱了。国家并不少收，'蛋糕'确实做大了。"江泽民说："这个账好多人不算，要算这个账。我在工业系统座谈会上，一开始就讲'蛋糕'要做大。"

在连铸主控室里，中央电视台现场直播了江泽民向全国人民拜年的实况。江泽民说："今晚是农历除夕，我们即将辞去马年的旧岁，迎来羊年的新春。我代表党中央、国务院、中央军委向全国人民、向台湾同胞、港澳同胞、海外华侨拜年!"

在掌声中，江泽民接着说："在这欢乐的除夕之夜，各行各业许多劳动者仍然坚守在工作岗位上，为我国的社会主义现代化建设辛勤劳动;广大解放军指战员、武警官兵、公安干警，特别是戍守在边疆、高原、海岛和严寒地区的同志们，仍在为祖国的安宁和人民的幸福巡逻、站岗、执勤。让我们共同祝愿我们的祖国繁荣昌盛，人民幸福!"

1991年春节过后的3月2日，江泽民总书记和李鹏总理在中南海勤政殿专门听取了首钢党委关于企业改革试点情况的汇报。江泽民说："首钢承包了，确保利润不断上升，他们的管理是严格的。实现利润与工资总额 1:0.8 挂钩，留利 6:2:2 分配，这些都要肯定。首钢管理是现代化的，他们大量使用了计算机。他们是社会主义现代化企业，体现了工人阶级的主人翁精神，体现了党的政治领导，这些都应当肯定。"

在江泽民总书记关怀下，首钢改革不断深入。1991 年，首钢铁、钢、钢材分别完成 392 万吨、493 万吨和 431.8 万吨。工业总产值 73.09 亿元，销售收入 79.39 亿元，利润和税金 32.13 亿元，利润 23.61 亿元，留利 10.43 亿元，出口创汇 2.1 亿美元。全国钢产量突破年产 7000 万吨。这是继 1986 年突破 5000 万吨、1989 年突破 6000 万吨之后，又登上的一个新台阶。

彭真指导首钢提高发展质量

1948 年 12 月 17 日，红旗插上北平西郊石景山。12 月 18 日，在河北省平山县编辑出版的《人民日报》以头条大字标题宣告：我军紧紧包围北平。 1949 年 1 月 6 日，中共北平市委书记彭真，在对准备进城接管的干部讲话中指出："我们进城以后，除了推翻旧的政权以外，必须抓工商业。如石景山钢铁工厂、纺织厂等，要组织起来供给他们原料。" 1949 年 1 月 31 日，北平宣告和平解放。

1949 年，北京市工业产品只有钢 400 吨，生铁 2.6 万吨，煤 111.4 万吨，电 1.5 亿度，机制纸 1509 吨，棉布 1300 万米，印染布 900 万米，呢绒 7000

◆ 1948 年冬天，彭真（右）与石钢中共地下党员白振东合影

米，皮鞋 2000 双，布鞋 6 万双，肥皂 1428 吨，饮料酒 636 吨，水泥 3.5 万吨，砖 4000 万块。其他产品如牙膏、香皂、灯泡、针织衫裤、糖果、汽水、油漆等都要从天津、上海调运。当时接管的官僚资本企业仅有 44 家，其余的工厂、作坊多为手工生产，百人以上的寥寥无几，七八成是两三个人的小作坊。产业工人 7 万人，占当时城市人口的 2.8%。

彭真作为北京市委书记、市长，十分重视发展工商业特别是工业。他明确指出："城市的繁荣主要不在商业，主要的决定在工业。"1954 年 8 月 20 日，彭真在北京市第一届人民代表大会第一次会议上强调："要认识到，新建和扩建现代化的工厂矿山是建立我国强大工业的基础，实现社会主义工业化的重要关键，没有相当数量的现代化的大规模的新工厂的建立，是不可能把北京变为新的工业城市的。"

1958 年 5 月，北京最大的企业石景山钢铁厂 3 号高炉、3 号焦炉和烧结厂"三大工程"开工。1959 年 4 月，容积为 963 立方米的 3 号高炉和拥有 71 孔碳化室的 3 号焦炉基本完工，烧结厂主体工程也将竣工。在这个背景下，1959 年 5 月 3 日和 5 日，彭真两次来到石钢视察。当时，全国上下都在"超英赶美"，大放各种"卫星"，进行"跑步进入共产主义"的"大跃进"。彭真却冷静地告诫石钢领导"不要吹"，生产和扩建都要统筹考虑，要切实保证工程的高质量，企业只有均衡生产才能不断发展。对于工程的标准和质量，彭真看得很远，他说："要搞就搞好的，我和王鹤寿（时任冶金工业部部长）同志说过，你们石钢不要搞破破烂烂的，把地方占了，高标准的没地方放了。有些人搞工业化搞急了。见着东西就抓，将来可就过不去关了。"

在彭真视察之前，石景山钢铁厂曾向北京市委提出 3 号高炉"五一"开炉投产的计划，彭真没有同意，指示石钢要充分做好投产前的准备工作，认真进行试验，可找北京市的机械、仪表等专业部门来帮助试验，发现缺陷一定要狠狠地改，把问题统统解决了。彭真还对1号高炉的稳定生产提出了中肯的建议：系数达到一定水平之后，就要稳定一段时间，然后再提高。针对3号焦炉存在的一些问题，彭真要求认真解决，尽一切努力把焦炭搞上去，焦炭上不去，铁也上不去。从彭真在石钢的谈话我们可以看出，他作为日理万机的市委书记兼市长，对炼铁生产很在行，做出的指示非常到位。石钢党委按照彭真指示，对3号高炉和3号焦炉的开炉时间做了重新安排，同时成立质量检查组，组织施工单位对工程质量进行了深入细致的排查，共发现各种问题六百多个，进行整改后有力地保证了工程的高质量。

历史证实了彭真的远见卓识。首钢3号高炉1959年5月投产，1970年2月大修，连续生产了11年，成为首钢高炉大修期限打破10年纪录的首座高炉。据统计，与首钢3号焦炉同期投产的国内大型焦炉，在10年之内进行大修的占47%，而首钢3号焦炉一直服役到1992年12月才进行大修改造，创造了连续生产34年的奇迹。

1961年，中央提出"调整、巩固、充实、提高"的八字方针后，彭真与北京市委第二书记刘仁、主管工业的书记郑天翔一道，用了一周的时间，同首钢、京西矿务局、石景山发电厂等企业的领导座谈，总结过去的经验教训，研究如何贯彻八字方针，提出北京的工业要实行精兵主义，要用可能达到的最高标准要求产品质量。按照中央和北京市委的指示精神，首钢对职工定员进行了精简，重点动员1958年从农村来的新工人返乡生产。当年精简15382人。同时颁布《提高产品质量工作十四条》，要求切实加强质量管理，每个职工、每个环节都要注重提高和改进质量。1965 年，首钢生产水平大幅度提高，主要技术经济指标进入国内先进行列，全年产铁 115.7 万吨，钢 19.7 万吨，钢材 13.4 万吨，工业总产值 3.79 亿元，销售收入 3.06 亿元，实现利润 0.70 亿元，上缴利税 0.83 亿元。1966 年 1 月，三高炉和二高炉安装首钢自制的高压双罐式喷煤装置进行喷煤，取得优异的节能效益。进入 5 月，一高炉入炉焦比降低到 336 千克/吨，达到世界领先水平；全年平均喷煤 279 千克/吨，喷煤比 45.5%，利用系数 2.294 吨/立方米·日，年均入炉焦比降到 414 千克/吨。全厂 3 座高炉年均利用系数 1.901 吨/立方米·日，平均喷煤 159 千克/吨，入炉焦比 467 千克/吨，均达到国际先进水平。

　　"文革"中，彭真遭到迫害。复出后，他对倾注过心血的首钢依然十分关注。1988 年 6 月 19 日，从全国人大常委会委员长位子上卸任不久的彭真，来到首钢参观调研。听完首钢改革情况汇报后，他说："让事实说话，让行动说话，用马克思的话说，实践是检验真理的惟一标准，事实最能教育人。"当他得知首钢进行技术改造只有 300 万元的审批权时，感慨地说："看来计划体制得改，给企业放权。"彭真认真询问了首钢引进二手设备、企业管理、成本核算、按劳分配和职工队伍等情况，语重心长地说："带队伍是第一位的任务，现在有些是非弄糊涂了，搞不清什么是马克思主义。社会主义就是工人阶级当家作主，社会主义的民主是人类历史上最高的民主。要全心全意办好企业。"彭真参观了首钢采用二手设备建设的第二炼钢厂，他抚摸着厂房里的钢结构立柱高兴地对首钢领导说："你们学到了真本事，你们的本事比设备还值钱。"

　　1994 年 10 月 17 日，彭真在家里亲切会见了首钢领导。老人家已是 92 岁高龄，但思维敏捷，精神矍铄。当时，首钢实行承包制虽然取得了巨大成就，但是由于把承包制过于绝对化和万能化，在社会上产生了一些负面影响。对于这些问题，彭真很清楚，希望首钢要善于倾听不同意见，努力克服自身缺点。他说："首钢的工作越好，越要听不同的意见。你们是中国的一部分，是党的一部分，是人民的一部分，人家的意见你们也要听。"老人家兴致很高，谈话的内容广泛，从继承和发扬党的优良传统到"大跃进"出现的失误，从计划经济的弊端到如何解放思想，从北京市工业发展到加强党的组织建设和作风建设，和首钢领导谈了一个多小时。首钢领导起身告别时，老人家坐着轮椅一直送到客厅门口。

万里心系首钢

　　万里和首钢职工有着深厚的感情，他为首钢发展倾注了很多心血。

　　1969 年 12 月 4 日，原北京市委书记处书记、副市长万里，下放到首钢"接受工人阶级再教育"，被安排到机械厂铸铁车间小型组劳动。他每天很早来到厂里，换上被工人称之为"麻袋呢"的再生布工作服，和工人一起站在车间的水泥地上参加班前会，听班长布置工作，听安全员讲安全操作规程。然后和工人一起撮砂子、打芯子、刷铅粉、抬砂箱……如果不了解万里的革命经历，他俨然是个勤勤恳恳的老师傅，没有人能看出他曾是身居高位的领导干部。在钢铁企业，铸铁翻砂是个又脏又累的艰苦工作。那年，万里已经 53 岁了，可干起活来总是冲在前头，七八十斤重的压箱铁，他也坚持搬。工友们对这位身处逆境本色不改的老领导非常敬佩，凡是重活累活都不让他干。万里却说，我是来接受工人阶级再教育的，请大家对我不要有丝毫的照顾。

　　作为主管多年经济建设工作的高级领导，万里对"文革"给国民经济造成的破坏十分痛心。劳动期间，他抓住一切机会引导干部职工把生产搞上去。一天，万里在和工人聊天时，把话题引到首钢的发展远景和产品质量上。他举了个上海生产的香皂用到最后仍然余香不绝的例子，认为北京的工业不如上海，鼓励大家从改善生产环境和提高技术操作水平入手，把产品质量搞上去，为首都争光。在党小组会上，他号召党员发挥先锋模范作用，带领职工群众搞好生产。机械厂革委会副主任张凤林在运动中挨过整，有些心灰意冷。万里勉励他，不要因为挨斗就退缩，要大胆地把生产抓上去。首钢职工队伍是好的，要紧紧依靠工人阶级。张凤林向万里请教工作，万里提出很多切合实际的指导性意见。他说："要教育全厂职工正视机械厂在首钢的地位，端正服务态度，树立为生产厂矿服务的意识，做到生产厂矿需要什么备品备件就要生产什么备品备件，不要片面追求产量。在管理上要注重质量，改变过去重金工轻铸造的倾向。因为产品质量很大程度上取决于毛坯质量的好坏。"他还经常向职工讲首钢和机械厂的前景，期望尽快把首钢建设成为现代化的大型钢铁联合企业，把机械厂由修配型车间改造成为冶金设备制造厂。

万里在首钢基层班组劳动的五个月里，他与职工一起干活，一起到食堂排队买饭，一起到浴室洗澡，一起参加班组的政治学习，并且为职工读文件作辅导。工作之余，他和职工促膝谈心，浓重的山东口音透着亲切。人们都愿意向万里吐露自己的心里话。一次，工人吴启成受到领导批评后想不通。万里下班后，两次步行到吴启成居住的北辛安镇家里做思想工作。

这种与职工亲密无间的接触，使万里真切地感受到中国产业工人的生活状况。由于企业多年没有建设职工住宅，很多工人一家老小租住在工厂附近的农村里。20世纪60年代，首钢工厂周围都是农田，老工人孟庆具一家租住在古城村，距离工厂四五里路。万里晚上沿着乡村土路深一脚浅一脚地步行到老孟家串门，看到农家院的房子很破旧，关心地问老孟房子是否漏雨，生活上有什么困难。一些职工与妻子分居两地，住在厂里的单身宿舍，万里常到宿舍和他们拉家常，了解情况。他虽然身处逆境，却始终情系工人的疾苦，想方设法帮助职工解决困难。他先后帮助三位职工解决了家属的北京户口问题。机械厂金工车间工人杨文会在办理妻子和两个孩子的回京户口时，正赶上造反派夺权，各种手续和证明被造反派组织弄丢了，一家四口只能靠杨文会一个人的粮票、布票和副食定量生活，日子过得异常艰难。作为复员军人，杨文会找过中央军委求助，到过国务院接待站和民政部上访，都没有结果。他抱着一线希望向万里诉说了自己的遭遇，望着这个走投无路的汉子，万里拉着他的手说："小杨，你别着急，我一定想办法帮助你。"万里回到北京市工作后，一直在记挂着这件事。当机械厂派人到市里解决杨文会的户口时，万里领着机械厂办理户口的同志到市革委会、工交组、政法组等部门挨门挨户打招呼。当朱红色封皮的北京市户口簿送到杨文会手上时，他激动得热泪盈眶："这真是救了我的命了！"时隔多年，杨文会回忆起万里的关怀，依然无限感激。

在朝夕相处的日子里，万里和首钢职工结下了深厚的情谊。他待人亲切坦诚，像个宽厚慈祥的长者，和他在一起，你会感受到一种伟大的人格魅力。万里两次到孟庆具家做客，第一次，他盘腿坐在土炕上和老孟一家人围着小炕桌吃豆芽菜，啃棒子面窝头。第二次去老孟家，他带来一只鸡和两瓶烧酒，同全家人说说笑笑到深夜。万里还两次把班组工友请到自己家里吃饭。一次是过春节，万里夫人从外地回京，他邀请工友们到家里吃团圆饭，他把这些在患难中结缘的工人视为知己，向自己的老母亲和夫人一一进行了介绍。饭后，万里意犹未尽，和大家合影留念，还拿出影集给工友们看，他指着一张自己当年出国访问时的照片笑着说："你们要奋发向上，学好本领，将来有的是出国深造机会。"

◆ 1985 年 2 月 19 日，万里（左三）、胡启立（左一）在首钢观看计算机演示

万里和首钢职工心贴心，自然受到职工衷心爱戴。他在首钢的日子里，受到了方方面面的保护。有关领导挨个找在万里身边工作的工人谈话，要求大家照顾好他的身体、保护好他的安全。万里周末乘公共汽车回家，家住城里的职工就自发地守护在他周围，护送他一路。

1970 年 4 月，万里回到北京市工作。1973 年 5 月，他出任北京市委书记、市革委会副主任。工作忙了，万里依然不忘首钢干部职工，在离开首钢之前就叮嘱机械厂领导："工作上有什么困难尽管找我。"他几次回到机械厂铸铁车间看望工友，见到班长王树元，依然亲切地叫他"老班长"。

改革开放以后，万里对首钢改革发展非常关注。1981 年至 1990 年间，时任国务院副总理、全国人大常委会委员长的万里，12次来首钢视察指导。1981年7月，首钢向国家经委送上一份《关于减产增收的报告》，提出在企业内部实行"联产计酬，层层包干"，受到万里重视。8月15日，万里和北京市委书记叶林在首钢召开利润包干经济责任制座谈会，听取基层干部、技术人员和工人的意见。参加座谈会的人们发言踊跃，普遍认为，实行利润包干，责、权、利相结合，有利于充分调动广大干部职工的积极性。大家在座谈会上还讲了包干前和包干后的很多生动事例。万里听了之后说："社会主义之所以比资本主义优越，就在于工人能当家作主。现在我们许多领导干部不懂这个道理，不去充分发挥这个优越性。有一些企业，不是工人当家，而是'大老爷'当家。现在你们这样做，工人参加管理，参加分配，参加决策，当家作主，就有了实际的内容。"他接着又联系到农村实行的家庭联产承包责任制说："为什么同样的土地，同样的农民，受到那么大的自然灾害，还生产出那么多的粮食，原因是过去农民没有真正成为土地的主人。现在承包了，真正做了主人，能够按照自己当家做主的精神去对待土地。城市改革的核心也是这个问题。首钢改革应当使首钢人真正成为企业的主人，人人当家理财，把企业的事情办得比家里的事情还好。"万里从发挥社会主义优越性的高度充分肯定了以利润包干为核心的经济责任制，肯定了首钢在依靠工人阶级办企业、贯彻按劳分配原则等方面发生的变化，鼓励首钢要坚定不移地干下去。

首钢是1981年开始实行利润包干的，从1982年开始实行递增包干承包制。以1981年上缴利润2.7亿元为基数，确保每年上缴国家利润递增7.2%，超包全留，欠收自补，国家不再给首钢任何投资。如果完不成上缴利润，公司的工资、奖金、福利费、医疗费等全无着落；只有完成承包任务，而且必须是超包，企业才能获得发展资金，才能搞活，职工生活才能改善。这无疑是破釜沉舟，背水一战，既给了企业沉重压力，又给了企业巨大动力。与此同时，社会上对首钢改革也出现了很多争论和不同的意见，承包制甚至面临过几近夭折的困难，万里则坚定不移地对首钢的改革予以坚决支持。他总是在首钢改革最艰难的时候为首钢说话："利润递增包干要干下去，不能变，非但不能变，而且要长期包下去，包到1995年。"仅在1982年，他就三次来首钢，称赞首钢每个工人都是"财政部长"，勉励首钢要提高生产技术水平、经济管理水平、职工智力水平、民主管理水平，闯出一条有中国特色的办好社会主义企业的新路子。

首钢实行承包制15年，取得了举世瞩目的成就，创造了连续10年平均每年利润递增20%的经济效益，累计为国家贡献430多亿元。

万里对首钢改革的支持，对首钢人的深情厚意，首钢人将永远铭记。

华国锋正月初一拜大年

1976年10月6日，以华国锋、叶剑英、李先念为代表的中共中央政治局，采取果断措施，对王洪文、张春桥、江青、姚文元"四人帮"实行隔离审查，"文化大革命"内乱从此结束。

十年浩劫，使国民经济遭受重创，百姓不得温饱。当时，从中央到地方，各行各业都怀有一种把"四人帮"耽误的时间夺回来的热情。中央希望能够尽快恢复经济，全国人民盼望尽快改善生活，弥补十年动乱的损失。于是一系列经济建设计划纷纷出台。1976年底，全国农业学大寨会议确定："到1980年，全国要有三分之一以上的县建成大寨县。"1977年4月，全国工业学大庆会议提出："石油光有一个大庆不行，要有十来个大庆。"煤炭部提出："用8年时间建设20个年产3000万吨~5000万吨的大型煤炭基地，产量突破10亿吨，赶上美国。"冶金部提出："建设十个鞍钢，到1980年年产达到3500万吨，然后到1985年达到6000万吨，到1990年达到1亿吨，最后完成1.6亿吨的目标，超过美国。"1978年2月，五届全国人大一次会议《政府工作报告》正式提出了"新建和续建一百二十个大型项目，其中有十大钢铁基地，九大有色金属基地，八大煤炭基地，十大油气田，三十个大电站，六条铁路新干线和五个重点港口"的计划。

1977年到1978年间，中国经济呈现出快速增长。钢产量从1976年的2046万吨提高到1977年的2374万吨，1978年又上升到3178万吨。首钢同全国一样，呈现出一派蒸蒸日上的大好形势。从十里钢城到百里矿区，从采矿到烧结，从焦化到炼铁，从炼钢到轧钢，从管理到科研，到处涌动着大打钢铁生产翻身仗、加快钢铁工业发展的热潮。1977年3月，首钢向全国钢铁企业发出了开展社会主义劳动竞赛的倡议，得到了兄弟企业的热烈响应。这一年，河北迁安首钢矿区的大石河铁矿，增建了11个选矿系列，水厂铁矿也增加到11个选矿系列。两个采矿场年处理原矿能力分别达到350万吨（精矿粉产量110万吨）和510万吨（精矿粉产量140万吨），精矿粉品位跃居全国第一。铁矿原料实现了全部自给。炼铁厂采用热风炉富化煤气燃烧，提高了热风温度；加上原料烧结矿的改善，高炉装料由半倒装和倒装为主的装料制度，过渡到全部正同装、正分装和部分再分装的装料制度，使高炉生产主要技术经济指标大幅度提高。炼钢厂转炉平均炉龄从500多炉提高到667炉。同年11月，二号高炉易地大修工程开工建设。

中共中央主席、中央军委主席和国务院总理华国锋，十分关心钢铁工业发展，曾多次同负责冶金工业的领导说，他看了冶金工业的生产简报，感到很高兴，表示一定要去看望钢铁工人。1978年2月7日，华国锋在中共中央副主席汪东兴、北京市委书记吴德、中共中央书记处书记余秋里、中央政治局委员倪志福和冶金工业部部长唐克、副部长叶志强陪同下，来到首都钢铁公司，看望春节期间坚持生产的钢铁工人，并接见了首钢先进生产者和先进工作者。

这天是农历戊午年正月初一。下午两点半，华国锋一行乘大轿车来到首钢，受到职工热烈欢迎。在炼铁厂四高炉，华国锋健步登上炉台，同炉前工一一握手后，来到值班室，详细地

◆ 华国锋在首钢初轧厂观看工人轧钢操作

询问了高炉炉型、加料、焦炭滚筛和卷扬情况。四高炉炉长顾思乡一一作了回答。接着，华国锋又兴致勃勃地来到出铁沟旁，观看高炉出铁情况。离开炼铁厂，华国锋视察了炼钢厂、初轧厂和小型轧钢厂。在炼钢厂转炉平台上，他冒着一千多度炉温的烘烤，同工人亲切握手交谈。炼钢厂党委书记庞钦璧向华国锋汇报说，该厂连续九年超额完成任务，今年决心作出更大贡献。华国锋微笑着点头说："你们干得不错。"在初轧厂和小型轧钢厂，华国锋沿着钢龙飞舞的生产线，详细地察看了钢材生产全过程。

华国锋向节日坚持生产的干部、工人祝贺春节，并请各厂

领导向今天没有见到的职工和家属转达他的问候。在同首钢党委书记周冠五等领导干部和先进职工进行座谈时，华国锋特别询问了首钢发展的远景规划。他说："你们一定要有远景规划，一定要有通盘安排，否则将来布局就会不合理。"

座谈会后，华国锋等中央领导同志同大家一起照了相，并为首钢和刚刚复刊的《首钢报》题写了"首都钢铁公司"、"首钢报"厂名与刊名。华国锋在离开首钢时，殷切期望首钢要搞得更好。他说："钢铁工人要为四个现代化作出贡献。我国要用二十三年实现四个现代化，关键是前八年，一定要抓紧这八年，把钢铁生产搞上去。"

华国锋同志大年初一来首钢拜年，极大地鼓舞和激励了首钢干部职工。他们激动地表示：一定要多生产优质钢材，为实现四个现代化作贡献。随行的中央新闻电影纪录片厂摄影师，用胶片记录了华国锋在首钢留下的足迹，向全国发行了35毫米彩色电影纪录片《华主席春节到首钢看望钢铁工人》。

1978 年，首钢钢铁产量实现了历史性突破。全年生铁产量达到 232.2 万吨，转炉钢产量达到 144.4 万吨，8 项主要指标均超额完成计划。30 项可比技术经济指标均超过历史最好水平。其中精矿品位、高炉利用系数、炼铁焦比、生铁合格率、转炉利用系数和钢铁料消耗 6 项指标跨入世界先进行列。高炉综合燃料比、钢铁合格率、转炉平均炉龄和流动资金占用率等 10 项指标在国内领先。精矿粉品位全年平均达到 66.96%，超过了美国恩派尔矿；高炉平均利用系数达到了 1.948 吨/立方米·日。其中一号高炉在当年 9 月和 12 月，利用系数和入炉焦比分别创出了 2.845 吨/立方米·日和 370 公斤/吨铁的世界先进水平。首钢实现利润首次突破 2 亿元，超计划 7000 多万元。

钢铁情

gang tie qing

贾拓夫在首钢的最后岁月

  1967 年 5 月 7 日上午，阴沉沉的天空飘着蒙蒙细雨。石景山钢铁公司副经理贾拓夫，孤独地倒在北京西郊八角村南一座名为"八角岗子"的小山上。当石钢绿化队工人在松树林里发现贾拓夫时，他的心脏已经停止了跳动。

  贾拓夫 1921 年生于陕西省神木县，1926 年加入中国共产主义青年团，1928 年转为中国共产党党员。历任共青团陕北特委代理书记、陕西省团委委员兼西安市团委书记、中共陕西省委委员、秘书长等职。1933 年他代表陕西省委到党中央报告工作，出席了中共六届五中全会。在中华苏维埃第二次全国代表大会上，他当选为中华苏维埃共和国中央执行委员会候补委员。长征中，贾拓夫任中国工农红军总政治部白军工作部部长。到达陕北后，担任陕甘苏区中央局白区工作部部长、陕北省委宣传部部长。1936 年任中央特派员、关中特委书记、三边特委书记。抗日战争和解放战争时期，贾拓夫历任陕西省委书记，中央西北工作委员会委员，陕甘宁边区中央局统战部部长、调查研究局局长，中共中央西北局常委、秘书长，西北财经办事处主任等职。解放后，贾拓夫先后担任中共中央西北局常委、西安军事管制委员会第一副主任、中共西安市委书记、市长，西北财经委员会主任，中央财经委员会副主任、中央人民政府国家计划委员会副主席、国务院第四办公室主任兼轻工业部部长、国家经济委员会副主任、党组副书记等职。

在中国革命史上，人们只知道红军长征路过甘肃宕昌县哈达铺镇时，毛泽东从当地邮政代办所一份发黄的国民党报纸上，获得了陕北有红军和根据地的消息，做出了把红军长征的落脚点放在陕北重大决策的故事。其实，贾拓夫在这个决策过程中起到了关键作用。贾拓夫是长征队伍中唯一来自陕北的人，在长征路上，他将陕北刘志丹的情况向毛泽东作了详细汇报，并建议党中央到陕北立足。毛泽东根据贾拓夫提供的情况和报纸上的信息，决定落脚陕北。贾拓夫率领一个连的红军，带上一部电台担任先遣队的前哨，从哈达铺出发寻找尚未建立联系的陕北红军，很快在甘泉寺下寺湾，遇见了从陕北前来迎接中央红军的红15军团政委程子华和陕北党的领导人郭洪涛，沟通了中央与陕北党组织和红军的联系。中央率领陕甘支队翻

◆ 1948年，(左起) 贺龙、马明方、习仲勋、林伯渠、贾拓夫、王维舟在绥德

越六盘山，到达吴起镇，随后东进与红 15 军团胜利会师。贾拓夫为中央和红一方面军落脚陕北作出了重要贡献。

战争年代，毛泽东对贾拓夫极为赞赏，称他是"党内贾宝玉"、"陕北的才子"。建国以后，贾拓夫长期协助陈云、李富春工作，对国家私营工商业和手工业的社会主义改造及第一个五年经济建设计划的执行，作出了重大贡献。在中共第八次全国代表大会上，贾拓夫当选为中央委员。在 1958 年的"大跃进"中，他坚持财经工作要实事求是，积极稳妥，反对高指标、瞎指挥和浮夸风。1959 年被错定为"右倾机会主义分子"，被迫调离经济计划领导岗位。1962 年，贾拓夫任抚顺发电厂厂长，同年他的"右倾"帽子在七千人大会上被摘掉。但是厄运并没有停止，康生为了打"西北山头"，炮制了《刘志丹》反党小说事件，罗织出"习（仲勋）、贾（拓夫）、刘（景范）反党集团"。为了"改造"贾拓夫，他被送到中央党校。1965 年，经彭真提议，贾拓夫留在北京，安排在石景山钢铁公司任副经理。

首钢对贾拓夫这样一位功勋卓著的革命家很敬重，没有给他安排具体工作。但是贾拓夫却不肯坐在办公室里"闭门思过"，而是穿上工作服，深入到厂矿车间生产一线。在"文革"爆发前的半年时间里，贾拓夫走遍了首钢的百里矿山和十里钢城，先后在两个厂、三个矿、六个车间工段进行蹲点，参加劳动和进行调查研究。写出 8 篇近 12 万字的关于企业政治思想工作、生产经营和管理等方面的调查报告。

贾拓夫在首钢工作期间，坚持和工人一起劳动，休息的时候与工人唠家常，中午在职工食堂和大家一起吃饭。朴实的工人虽然不知道上层政治斗争的险恶，但是却能感觉出从枪林弹雨中走过来的贾拓夫是个好人，尊敬地称他"老贾同志"。在贾拓夫波澜壮阔的革命生涯中，到首钢工作正值黑云压城的

"文革"前夜，是他人生经历中最艰难的时期。但他依然坚持实事求是，不说假话、大话和空话。他每写一份调查报告，都把自己在首钢见到和听到的政治工作情况、生产经营、干群关系等如实地写进去。在首钢，贾拓夫还写了一首《满江红》，抒发了一位身处逆境的革命者崇高的境界和坦荡的胸怀：

服务人民，当首学，雄文四卷。抓思想，投身实践，加强锻炼。树立雷锋为榜样，敢和王杰同肝胆。莫等闲，白了少年头，嗟来晚。

增干劲，勤检查。眼光远，胸怀坦。辩证观事物，勿停批判。只要螺丝钉不锈，自能牢固开生面。望前途，举世起风云，沧桑变。

1966年5月，"文革"风暴席卷全国，一夜之间首钢变成了"修正主义的顽固堡垒"；在"造反有理"的喧嚣中，首钢的生产秩序受到严重破坏。炼铁厂热风炉不按技术规程操作，加上设备失修，造成风温下降了120多度，致使高炉主要技术经济指标全面回落；烧结矿原料混匀制度遭到废除，使烧结矿合格率下降了10%~20%；北京市工业战线的旗帜——首钢白云石车间党支部，也变成了"复辟资本主义的黑样板"。贾拓夫置身在"怀疑一切，打倒一切"的恐怖环境里，考虑的不是个人安危，而是国家和首钢的命运。他镇定自若，坚持到厂里上班，从容地看大字报，听造反派辩论，甚至还到大学、中央党校和国家机关去观察，冷静地关注着运动的发展。当贾拓夫看到真理被践踏、黑白被颠倒时，他不顾乌云压顶，义正辞严地表态说："首钢不是修正主义顽固堡垒，白云石（车间）不是复辟资本主义的黑样板。"白云石车间的干部党员，对于自己受到的迫害想不通，贾拓夫冒着危险到车间里看望他们，给他们以精神安慰。白云石车间主任高升遭到造反派批斗后，贾拓夫把他找到自己在红楼招待所的房间，端来一杯热茶亲切地说："你老高是个好同志，好同志不等于不受冤枉。运动来得这么猛，这不是下边的问题，而是上面的问题。"高升捧着茶杯，泪水模糊了眼睛。后来，高升被造反派折磨得病倒了，贾拓夫还多次到家里和医院去看望他。这在当时，需要有多么大的勇气！

贾拓夫的凛然正气，让林彪和康生非常恼怒。1966年12月初，在林彪主持的一次工交口的会议上，康生发难说："陕北的那个贾拓夫是一个老反党分子！"从此，对贾拓夫的迫害骤然升级。他曾经工作过的陕西省、轻工业部、国家经委、国家计委的造反派，还有清华大学、北京大学、轻工业学院、地质学院、南开大学、天津大学等高校的红卫兵，络绎不绝地"杀"到首钢，追到贾拓夫家里，对他进行围攻和揪斗。

1967年5月5日，贾拓夫在家里突然被几个陌生人带走。5月6日中午，他被人押解着回到家中。夫人白茜和女儿发现一夜不见，贾拓夫的头发竟然全白了。他默默地喝了一碗面汤，又被来人带走了。白茜万万没有想到，这一次见面，竟成为永诀。

贾拓夫被什么人带走了？带走以后发生了什么事，又怎么死在荒郊野外？这些始终是一个谜。据贾拓夫的女儿回忆，贾拓夫惨死"十几天以后，在我们的一再坚持下，才获准在医院的太平间里见到了饱受摧残的爸爸。爸爸的额头上、眼睛下有深深的凹坑，胳膊上和小腿上都有伤痕……"

1980年3月20日，在贾拓夫遇害13年之后，邓小平、胡耀邦出席了中共中央为他举行的追悼大会，薄一波致悼词，首钢职工代表向贾拓夫遗像敬献了花圈。

"炉前工" 钱伟长

　　1972 年深秋的一天，一辆黑色"红旗"轿车驶出中南海，车上坐着周恩来总理的秘书，他奉总理之命去接在中国科学界享有盛誉的著名力学家和应用数学家钱伟长教授。秘书来到清华大学却扑了空，一打听才知道钱伟长正在首钢特钢公司劳动。于是又驱车直奔京西，几经周折，终于在炼钢炉前找到了这位沉寂多年的科学家。

　　周总理秘书向钱伟长说明了来意，原来，随着这年 2 月美国总统尼克松访华，中美两国之间的坚冰开始融化。毛泽东主席决定派中国科学家代表团出访美国、英国、瑞典和加拿大，周恩来点名要钱伟长参加。钱伟长赶到中南海，周恩来见他身上还穿着工作服，便叫来秘书班子为他提供服装，一连比较了十多个人的身材，直到钱伟长换上其中一位与自己体型相仿的秘书衣服，总理才满意地点点头，又发现钱伟长的鞋子很破旧，总理于是拿来自己的鞋子让他试试。于是，钱伟长穿着周总理的皮鞋和总理秘书的衣服出国了。

　　与钱学森、钱三强并称为中国科学界"三钱"的钱伟长，怎么会到首钢当了炼钢工人？其实，这种事在那个"以阶级斗争为纲"的年代并不奇怪。

1946 年 5 月，先后在加拿大多伦多大学和美国加州理工大学深造的钱伟长，怀着报国之志从美国洛杉矶搭乘货轮返国，回到阔别八年的清华园，担任清华大学机械工程系教授。新中国成立后，钱伟长被任命为清华大学副校长兼教务长。随着一波又一波政治运动的升级，钱伟长被打成 "右派"。"文革" 中又戴上 "资产阶级反动学术权威" 的帽子。1968 年 10 月 29 日，钱伟长和 40 多位教师被造反派发配到首钢特钢公司劳动改造。

钱伟长对首钢并不陌生，1948 年冬，解放军兵临北平城下。他曾经冒着生命危险骑着自行车来到刚刚解放的首钢寻找党组织。现在又到首钢当工人，颇有一种亲切感。首钢特钢公司（原名北京特殊钢厂）始建于 1957 年 6 月，设计生产能力为年产合金钢 5.5 万吨，铸钢件 5 万吨。1958 年，在 "大炼钢铁" 的形势下，建厂方案由计划建设电弧炉改为建设 8 座 6 吨侧吹转炉和 8 座 15 吨化铁炉。

◆ 钱伟长（前排左一）来首钢参观

1958 年 9 月 15 日，首钢特钢公司第一座 6 吨转炉建成投产。1961 年，北京市冶金局决定该厂转产特殊钢，拆除侧吹转炉，建设 3 座 5 吨电弧炉。1962 年，全面实行电炉炼钢。1965 年，建成第四座 5 吨电弧炉。1970 年，又新建 2 座 5 吨电弧炉。

炉前工是钢铁企业最艰苦的岗位，工作三班倒，温度高，体力消耗大。和钱伟长一起干活的工人都是 20 岁出头的壮小伙子，而他那年已经 55 岁，操作重达 52 公斤的钢钎子力不从心。于是钱伟长对这种传统落后的操作方式进行了改造，利用力学原理搞了一个铁支架，将钢钎子放在上面操作，减轻了工人的劳动强度。多年以后，工人们还津津乐道钱伟长发明的"钱氏支架"。在首钢劳动期间，钱伟长一直在琢磨着如何把自己的学识用到大工业生产上，他的一项项技术革新受到厂里肯定，他也被从炉前调到革新组。钱伟长根据生产需要，在工人师傅的支持帮助下，设计制造了一台 800 吨水压机，接着又设计了一套热处理设备，从而建成了水压机车间和热处理车间。为了让职工熟练地驾驭水压机和热处理设备，他自己编写教材，为工人讲课。

钱伟长在学马列的热潮中，从《列宁全集》里看到的一段革命导师论述令他感同身受："历史喜欢作弄人，喜欢同人们开玩笑。本来要到这个房间，结果却走进了另一个房间。"这位"中国力学之父"虽然被命运抛到了炼钢炉旁，却认为自己没有走错"房间"。在黑白颠倒的年代，他为能到首钢劳动感到庆幸。在首钢，钱伟长的知识有了用武之地，和工人在一起，他觉得非常踏实。钱伟长每天骑自行车往返清华园宿舍与北京西郊首钢特钢公司之间，三十多里路程并不觉得疲倦。清晨，他听着鸟语虫鸣，穿过四季青公社的菜地果园一路西行，像一只冲出惊涛骇浪的小船，驶进了一片宁静的港湾。

首钢特钢公司作为生产国防用特种钢材的工厂，当年有大量抗日战争和解放战争缴获的战利品被运到厂里回炉。有日本的山炮、三八式步枪、军刀；美国的坦克和炮弹壳。钱伟长看到这些报废的武器，脑海里不禁浮现出在美国参加二战的难忘经历。1939 年，钱伟长考取了中英庚款会的公费留学生。1940 年 9 月，他乘坐"俄国皇后五号"邮轮抵达加拿大多伦多大学。钱伟长与导师辛祺教授见面不久，就发现他们都在研究弹性板壳的统一内禀理论。辛祺研究的是宏观领域，钱伟长研究的是微观方面。辛祺教授对这个中国学生刮目相看，决定师生二人合作一篇论文，献给西方科学界正在为祝贺世界导弹之父、美国加州理工学院航空系教授冯·卡门六十大寿而编辑出版的论文集。这篇论文发表后，钱伟长的才华受到冯·卡门教授的赏识，把他从加拿大召到自己身边进行导弹动力学的设计工作。

1943 年 5 月，一位波兰特工将希特勒正在德国佩内明德镇试制"V-1"和"V-2"导弹的情报提供给了英国。英军当即出动轰炸机突袭了佩内明德，使德军导弹试制计划推迟了几个月。1944 年 6 月 6 日，美英海军陆战队在法国诺曼底登陆成功后，希特勒为了扭转战局，于 6 月 17 日下令用 V-1 和 V-2 导弹打击英国伦敦。由于制导技术不精，大部分导弹未能击中目标，落在了伦敦郊外甚至更远的地方。尽管如此，还是吓坏了英国人。丘吉尔首相向美国求助。钱伟长和中国留学生林家翘经过计算后，发现德军导弹是从欧洲西海岸发射的，多数落在伦敦东区，说明德国导弹已是最大射程。他们建议在伦敦市区制造被导弹击中的假象蒙蔽德军仍按原射程攻击。英国采纳了这个建议，使伦敦躲过了一场劫难。美国政府要求冯·卡门领导的喷射推进研究所以最快的速度研制中远程导弹。经过钱学森、钱伟长和林家翘等人卓有成效的工作，导弹理论研究成果很快送到美国五角大楼，这项被誉为"美国导弹先驱"的计划迅速付诸行动，一批"下士"导弹问世，部署在欧洲战场。钱伟长被认为是美国导弹事业的奠基人之一。

◆ 钱伟长在首钢特钢公司"劳改"期间设计的油压机

二战期间的这段特殊经历，使钱伟长深知"落后就会挨打"，他对"文革"给国民经济造成的灾难性破坏深感忧虑。在炉前工的一次班组会上，他语重心长地说："我认为咱们的钢铁厂如同在海上航行的船，厂长是掌舵人，我们大家是水手。人心散，船就会翻，大家都不能幸免。怎样才能保证船不翻呢，我们就要多炼钢，炼好钢，把生产搞上去！"工人们听着钱伟长的话，不住地点头。

钱伟长在首钢劳动那些年，和工人同甘共苦，朝夕相处。工人与这个"摘帽右派"和"反动学术权威"日益亲近，称呼从最初的"钱伟长",改为"钱教授",后来干脆直呼"老钱"。钱伟长刚到班组那几天,有个愣小伙把他当成了劳改犯,工间休息时支使钱伟长给他拿杯子。一脸慈祥宽厚的钱伟长,微笑着把杯子端到小伙子手上。身边的师傅告诉他,这个老头儿是中国顶尖的科学家和顶尖学府的大教授。小伙子吃惊地睁大了眼睛,红着脸对钱伟长连说对不起。二十五年以后,钱老在《八十自述》中回忆起在首钢的这段经历,依然充满深情:"1969年夏,清华领导忽然通知特钢工宣队领导,命令我当日下午4时前返校,晚7时随几百人的教师队伍,去江西鄱阳湖边的鲤鱼洲农场从事农业劳动改造,并要立志终生务农。特钢工宣队领导拒绝了这一要求,说:'当初接受钱伟长来特钢劳动时,清华工军宣队领导迟群、谢静宜曾再三叮嘱,钱伟长不改造好,不许返校。现钱伟长虽然有进步,但离改造好,还有一段距离,我们没有完成任务,因此不能让他离厂返校。'这是后来师傅们告诉我的,师傅们知道鲤鱼洲农场是血吸虫病的严重疫区,这样处理是工人师傅爱护我,使我免除了一场无妄之灾。"

当时,清华大学和北京大学的"工军宣队"共抽调了1600人去江西鲤鱼洲农场改造,后来,生还者不到千人。

女作家祁淑英在《中国三钱》一书里生动地描述了中国力学之父在首钢的境遇:"什么是绿洲?当钱伟长来到特种钢铁厂时,他懂了。他从大沙漠走来,走进了绿洲。按常理说,绿洲应该有树,有水,有人烟。可是,在钱伟长心目中的绿洲,却在炼钢炉旁,他把钢水比作水,把炼钢工人比作大树,他与炼钢工人成为了朋友,炼钢工人像大树那样为他遮荫,他与炼钢工人生活在一起,不再有人歧视他,他有一种背靠大树好乘凉的感觉。"

贺敬之难忘首钢情

十年"文革"中，一些遭受迫害的老干部、科学家、文艺家被下放到首钢劳动，贺敬之就是其中的一位。首钢人以炉火般炽热的真情温暖他们的心，用钢铁一般坚实的身躯为他们遮挡风雨。

贺敬之是我国现代文学史上一位重要的诗人、作家和文艺理论家，也是文艺界一位卓越的领导人。他从 20 世纪 30 年代末开始创作，以非凡的艺术才华为人民奉献了大量作品。抗日战争和解放战争期间，贺敬之创作的《乡村的夜》、《南泥湾》、《翻身道情》等作品，生活气息浓郁，民族风格鲜明，深受人民群众喜爱。以他为主要执笔人创作的著名歌剧《白毛女》，更是中国民族歌剧的开山之作。解放以后，贺敬之以满腔热忱创作了《回延安》、《放声歌唱》、《雷锋之歌》、《桂林山水歌》、《西去列车的窗口》等一系列脍炙人口的诗篇，鼓舞和影响了一代又一代人。半个多世纪以来，贺敬之不断尝试采用各种题材、各种艺术形式表现人民的新生活和新的精神风貌，在追求文艺革命化、民族化、群众化的道路上，以宏大的视角、生动的艺术语言，构筑了一个个瑰丽壮美的艺术世界。他的许多作品被收入中小学课本，在海内外产生了广泛的影响。

1975 年至 1976 年间，贺敬之被"四人帮"点名下放到首钢"监督劳动"。首钢干部职工冒着风险，对贺敬之的工作和生活作了精心安排。贺敬之的夫人、著名作家柯岩在《我的文学之路》中写道："首钢的同志们把他保护起来了。大家对'四人帮'的问题已经看清楚了，这是通过'那个'文化部弄

◆ 1979 年 11 月，贺敬之、柯岩夫妇在北京

下来劳改的人，肯定是好人。另外他 1949 年是接管首钢的军代表之一，那时首钢的一些积极分子、青年团员，现在都是首钢的干部。他们把贺敬之放在好的招待所的一间不好的房间，放四张床。哎呀，人民群众真是伟大，智慧得很。另外一个招待所很乱，伙食也不好；这边伙食好，环境也好，'四人帮'来查怎么办呢？他是钦犯，而且指定必须叫他在炼钢厂。1975年他已经五十岁了，心脏病，非叫他去炼钢，'战高温'，这都是不能违抗的。可到炼钢厂，工人群众就让他去炼钢厂的仪表车间，仪表车间的干部群众叫他坐那儿剪铜片，剪成一个铜片，还表扬说：'剪得很好。'一些青年跟他发牢骚说：'我想

不通，我读过你的作品，怎么你成了反革命了？'老师傅不让他和青年接触，怕青年嘴上没把门的，今天这么说，万一将来一误导，他会怎么说？老师傅就说：'上班别聊天，老贺跟我查表去。'老师傅前头走，他在后头跟着。'四人帮'的人来查，就说：'他比我们炼钢厂所有工人的岁数都大，我们也按照你们的指示放在炼钢厂了，仪表车间正好要人，他在仪表车间干活，干得很好。'那个文化部一来人查，工人就在他住的房间里拉一堆绳子，挂一些乱七八糟的东西，一看好像是个破窝，但其余三张床从不派人住：'你好好睡吧，甭想那些，没用。'完全是把他保护起来了。"

柯岩所说的仪表车间，实际是炼钢厂自动化小组。这是个新成立的机构，工作没有定额，而且炼钢厂职工食堂的伙食也不错。安排他住的地方，是首钢条件最好的红楼招待所。贺敬之在厂里劳动，受到了工人师傅悉心照顾，脏活累活不让他干，危险的工作更不让他靠前。然而这位在战争年代拼杀过来的老战士，干活总是抢着往前冲。1948年底首钢解放时,贺敬之是接管这座工厂的军代表之一，曾经分管过工会工作。这次重回故地，虽然境况不同了，但是他却很想为丰富首钢职工的文化生活做些事。首钢工会的同志不避嫌，每次召开先进职工座谈会和表彰大会等活动，都邀请贺敬之参加。首钢工人诗歌创作组也把工人写的诗送来请他指导。当时，在首钢小有名气的青年诗人陈维翰和王德祥经常拿着自己创作的新诗向他请教，贺敬之接过诗稿，一边仔细地看，一边操着浓重的山东口音和他们热烈交谈，读到好的句子，常常情不自禁地大声朗诵起来，全然忘记自己身在逆境。贺敬之为扶植首钢诗歌爱好者成长倾注了很多心血。三十多年后，已是中国国际文化传播中心常务理事的王德祥谈起贺敬之对首钢工人诗人的帮助，还是充满感激："每次，我与贺老师见面，都带给他一些诗歌组同志新写的作品，他每次都认真地做了批改。有些在他当面把稿件还给我时，还再三一一细致地叮嘱：一定要怎样修改。这些都充分体现了一位大诗人对年轻的诗歌爱好者的那一份特殊的爱护之情。""有一次，他格外地挑出我写的一首诗，诗的题目叫《读〈共产党宣言〉》，他对这首诗很喜欢，还特别建议我对这首诗再做一点补充，对原稿件他逐字逐句地谈了读后的感触，鼓励我就像写这首诗这样坚持写下去。"

1976年1月，《诗刊》发表了毛泽东的词二首《水调歌头·重上井冈山》和《念奴娇·鸟儿问答》。一时间，全国掀起了学习毛主席诗词的热潮。首钢政治部宣传处的同志想请贺敬之做个辅导，他考虑自己的处境，没有马上答应。后来在宣传处的同志再三邀请下，贺敬之在首钢办公厅大会议室，为来自基层厂矿的宣传干部做了一堂精彩的辅导讲座。

人民的诗人自然会赢得工人群众爱戴，每当贺敬之遇到难

◆ 贺敬之在首钢"监督劳动"期间居住的红楼招待所

处的时候，首钢人总是挺身而出。一天，体弱多病的贺敬之患了感冒，高烧引起肺炎。柯岩搀扶着他到医院就诊，等了一天一夜，也没有等到床位。首钢的干部职工知道了，都跑来看他，争着去为他奔走床位，轮流守护他。工人的真情赶走了病魔，贺敬之很快转危为安。

"树梢树枝树根根，亲山亲水有亲人。羊羔羔吃奶眼望着妈，小米饭养活我长大。""四人帮"倒台后，贺敬之重返文艺宣传战线，先后任文化部副部长、中宣部副部长、文化部代部长。他始终没有忘记在首钢的这段经历，首钢的老朋友去看望他，贺敬之总是深情地说："真要好好感谢首钢的领导和工人师傅们！那个时候，多亏他们给了我这么多的关怀和照顾，如果不是他们的关怀和照顾，说不定我还真的挺不过来了呢！"

周立波创作《铁水奔流》

在中国现代文学史上，著名作家、编译家周立波，一生创作了 300 多万字的文学作品，被誉为"杰出的社会主义乡土文学作家"。他的长篇小说《暴风骤雨》荣获斯大林文学奖金，《湘江之夜》获全国短篇小说一等奖。1955 年至 1965 年间，周立波举家迁回湖南故乡体验生活，创作了长篇小说《山乡巨变》和 20 多篇农村题材短篇小说，开创了乡土文学的新主题、新风格，与同时期的"山药蛋派"代表作家赵树理享有"南周北赵"之盛誉。

周立波在创作大量反映农村土地改革和农业合作化运动经典作品的同时，还将视野拓展到新中国的工业建设，在 1951 年至 1954 年间，他三次深入到首钢体验生活，创作了中国当代工业题材长篇小说的开山之作《铁水奔流》。

1951 年 2 月，周立波第一次来到石景山钢铁厂体验生活。当时，刚刚从国民党手中解放的石钢满目疮痍，正在进行恢复生产建设。周立波一边深入到厂里参加高炉的修复劳动，一边拜工人为师，了解生产工艺流程；和他们交朋友，体验工人生活。这段经历，给他后来的创作提供了大量素材，以至过了很多年还记忆犹新："一进城，就想了解和反映工人生活和工业建设……到了石景山钢铁厂，在那里呆了五个月。这期间，工厂大力进行了一个高炉的大修，我有机会了解高炉的复杂的大修过程。在工作中和星期天，我常常跟工人以及比我熟悉工人生活的同志聊天。那时候，工人们爱说他们过去的悲惨的生活和解放时的兴奋情景。他们这些回忆成了我创作《铁水奔流》最初几章的源泉。工人的家庭我也常去，他们的生活和心理，我逐渐熟悉了一些。"

1951年初夏，周立波结束了在首钢的第一阶段生活体验，所在的石钢工会党小组给他写了这样一段评语："周立波同志思想作风好，能处处从群众利益出发，作风朴素，态度和蔼，没有一般文艺工作者的自由散漫作风。组织观念很强，肯帮助人，工作谨慎，认真。"当时，石钢的同志只知道周立波是大作家，对他的革命经历却知之甚少。

1908年8月9日，周立波出生于湖南益阳一个私塾教师家庭。1924年秋天，他考入长沙省立第一中学，在师长王季范、徐特立等人的影响教育下，思想萌发了追求光明的种子。第一次大革命失败后，周立波辍学回乡在高小任教。1928年春，他随周起应（周扬——作者注）到上海，之后考入江湾劳动大学经济系学习。这期间，他积极参加革命互济会活动，1930年春因散发传单被校方开除。不久返乡，开始从事文学写作和翻译。1931年，"九一八事变"后，周立波到上海神州国光社当校对员。1932年因参加工人罢工被捕入狱。1934年7月被保释出狱，后在上海参加中国左翼作家联盟。1935年1月，周立波加入中国共产党，负责编辑左联秘密会刊，任中共左联党团成员，并任《时事新报》副刊《每周文学》编辑。他积极从事左翼文艺运动，翻译了《被开垦的处女地》、《秘密的中国》，译著近百万字。

抗日战争爆发后，周立波赴华北抗日前线八路军前方总部和晋察冀边区参加抗日战争工作，任战地记者，写作有报告文学与散文集。1938年冬，他到湖南沅陵参与地下党领导工作，并参加编辑《抗战日报》。1939年5月，周立波被周恩来调到桂林，任《救亡日报》编辑，并任中华全国文艺界抗敌协会桂林分会筹备委员。同年12月到达延安，任鲁迅艺术文学院编译处处长兼文学系教员，被选为陕甘宁边区文化界救亡协会执行委员、中华全国文艺界抗敌协会延安分会理事。1942年，周立波参加延安文艺座谈会，聆听了毛泽东那篇著名的讲话。1944年，周立波任解放日报社副刊部副部长并主编文艺副刊，同年冬天任八路军南下第一支队司令部秘书，随军南征。

1945年，日本侵略者投降后，周立波任中原军区七七日报社、中原日报社副社长。1946年被调往东北，先后任中共区委宣传委员、松江省委宣传处处长等职，参加当地土地改革运动，并编辑《松江农民报》。1947年开始创作其最重要的作品《暴风骤雨》，1948年调任东北文协《文学战线》主编，1949年7月当选为全国文联和全国文协委员。

中华人民共和国成立后，周立波历任沈阳鲁迅艺术学院研究室主任、政务院文化部编审处负责人、湖南省文联主席兼中共党组书记等职，被选为第一、二、三届全国人大代表，第五届全国政协委员会委员，连续当选为全国文联委员和中国作家协会理事，并兼《人民文学》编委和《湖南文学》主编。

周立波离开石钢后，便投入了《铁水奔流》的创作。刚刚翻身的石钢工人在艰苦的条件下，克服重重困难恢复生产的事迹激发着作家的灵感，一个个鲜活的形象在周立波的脑海里跳跃着。他从1951年6月20日开始动笔，7月22日就拿出了初稿。据周立波回忆，在创作《铁水奔流》第一稿过程中，有8

天因为其他工作而停笔，实际上他只用了 25 天。若干年后，谈到这部自己初次尝试的工业题材小说，周立波说："和我过去的作品一样，初稿写得快，差不多是一气呵成。"

◆ 首钢职工珍藏
的《铁水奔流》

《铁水奔流》初稿完成后，周立波又修改了三次，然后请中宣传的一位领导提意见。1952 年，组织上安排周立波到《人民文学》编辑部工作，《铁水奔流》稿子搁置了一年。"我打算再深入生活，再加修改。"周立波后来回忆说。

周立波的创作态度是严谨的，1953 年 1 月，他第二次来到石景山钢铁厂体验生活，正巧又赶上高炉大修，他被安排到修理部搞宣传。这样一位资历深厚的职业革命家，在工人中间却没有一点架子。白天，他深入施工现场了解情况，和工人一起劳动。晚上，他踏着夜色步行到工人居住的北辛安镇和金顶街串门，于是，《铁水奔流》便有了"新镇"和"银顶街"等地名。周立波在石钢的日子里，他高大的身材上罩着一套洗得发白的蓝色中山装，总是挂着笑容的长方脸上架着一副白框近视眼镜，亲切的目光透过镜片与工人交流，让人感觉是那样的真诚。这次深入工厂，周立波对石钢工人生活有了进一步了解，他登上石景山眺望工厂全景，到炉台上看高炉出铁，下车间采访工人如何搞技术革新，结识了很多工人朋友，积累了大量创作素材。1953 年 5 月，周立波离开石钢，对《铁水奔流》进行了第四次修改，这次改稿因为公务繁忙，直到 10 月份才完成。中国作家协会对《铁水奔流》的创作十分重视，召开了专题座谈会，一些同志对书稿提出了自己的看法。

1954 年初，周立波三下石钢体验生活。之后又两易其稿，《铁水奔流》终于在当年 8 月杀青。1955 年 5 月，《铁水奔流》由作家出版社出版并向全国发行。

◆ 创作新中国第一部工业题材长篇小说的著名作家周立波

全书近 18 万字，描述了 1948 年 11 月石钢解放后，工人在党组织和军管会领导下斗垮了汉奸特务工头，在苏联专家的帮助下修复高炉恢复生产的故事。

《铁水奔流》问世后，在全国产生了热烈反响。这部小说在石钢就销售出六百多本。石钢小东门外的北辛安镇新华书店，出现了石钢工人排起长队购买《铁水奔流》的盛况。人们读着这本真实表现钢铁工人的小说倍感亲切。石钢党委副书记兼工会主席谷受民和石钢党委副书记赵焕然，还写了一篇《工人读〈铁水奔流〉》的文章，发表在 1955 年《文艺学习》第七期上。他们介绍了这部长篇小说在石钢大受欢迎的情景，评价了作品的思想性和艺术性："《铁水奔流》真实地反映了解放初期我们如何接管工厂，以及在恢复企业生产过程中党是如何领导工人与各种各样的敌人进行斗争的事实。""在祖国进入大规模工业建设的今天，作者周立波同志及时地反映了工人阶级在生产建设过程中所表现出的热情、积极性和克服困难的英雄气概。"

《铁水奔流》的主人公名叫李大贵，生活原型是石钢的一位钳工。对于这个人物的塑造，周立波说："我一到工厂，就注意了解领导干部、工人、技师的生活和性格。有一个钳工的性格和小报上公布的他的经历，引起了我的注意。我觉得这就是所谓普通人的典型。我主要地根据他的工作，在厂、在家的生活，爱军队、爱国家、爱工厂和帮助别人的热心，创造了李大贵的形象。"

周立波在石钢的生活实践，除了收获了一部长篇小说，还创作了取材于石钢工人生活的短篇小说《诸葛亮会》、《砖窑和新屋》和《李大贵观礼》。作为一位创作态度十分严谨的革命作家，周立波对《铁水奔流》并不满意，撰写了《〈铁水奔流〉的创作》一文谈不足之处。他曾经对友人说过，由于自己对工人特别是钢铁工人的生活不熟悉，写作前虽然下了许多功夫，做了许多准备，但是写作时仍有困难，这本书没有《暴风骤雨》好。

尽管如此，周立波和他的《铁水奔流》，已经铭刻在首钢人的记忆里。"铁水奔流"，已经成为首钢人敢为人先、"气吞万里如虎"的精神象征。

梅兰芳三下首钢

　　梅兰芳是享誉世界的京剧艺术大师，在他生命的最后十年里，曾经三次来首钢为工人演出。解放以后，梅兰芳对共产党和新中国充满了热爱之情，他走出北京的大剧院，深入到工厂、农村和部队演出，使无数几乎没有机会观看梅兰芳演出的人们，享受到视觉和听觉的艺术盛宴。那段岁月，是梅兰芳一生最美好的日子，也是他的舞台艺术大放异彩的时代。梅兰芳在描述自己这方面的感受时写道："在旧社会里，我辛辛苦苦地演了几十年戏，虽然艺术上有一些成就，但服务的对象究竟是什么？却是模糊的。解放以后，我学习了毛主席《在延安文艺座谈会上的讲话》，才懂得了文艺应该为工农兵服务的道理。明白了这个方向，我觉得自己的艺术生命才找到了真正的归宿。"

　　从当年的新闻报道中，我们可以了解梅兰芳为工农兵演出的情况：1952年7月，他在北京劳动人民文化宫的广场上为工人演出了三天；1953年3月，梅兰芳第一次到石家庄专区礼堂演出，受到了当地观众的热烈欢迎。一位农民观众从几十里外赶来看戏，一连四天排队买票，带来的钱花光了，于是找到剧团的人，想要张戏票带回去留作纪念；1953年10月至11

月，梅兰芳参加以贺龙为总团长的中国人民赴朝慰问团，前往朝鲜慰问演出，并出任副总团长。11月中旬，从朝鲜回来后，又在安东（丹东市，1965年前称安东市——作者注）、沈阳、

◆ 20世纪50年代，梅兰芳深入基层为工农兵演出

锦州等地慰问了归国的中国人民志愿军部队。12月中旬，梅兰芳参加了鞍山钢铁公司的七号高炉、无缝钢管厂、大型轧钢厂三大工程的开工典礼，连夜为工人演出，共演了7场。仅在1953年，梅兰芳在全国各地演出近200场。

1955年5月初，北京电影制片厂导演、著名剧作家吴祖光以首钢高炉为舞台背景，拍摄《梅兰芳舞台艺术》影片，以表现梅兰芳深入基层为工农兵服务的情景。

春天的钢城，风和日丽。这天上午，临时搭建在高炉南侧的大戏台前人山人海。在人们的欢呼声中，梅兰芳身穿戏装出场了，表演之前他向工人敞开心扉，讲述自己的成长经历："我学艺有成并非天才。8岁学戏，学了一段时间还是不会唱。

教我的朱老师生气了，说祖师爷没给你唱戏的这碗饭吃。一赌气再不教我了。我受此挫折并未灰心，决心苦学。后来果然学会并成了名。我坚信韩愈所说的'业精于勤而荒于嬉'的道理。与朱老师再次相逢时他表情很难堪，说我那时候真是有眼不识泰山。我说您别这样说，当时我不挨您的那顿骂，我还不懂得发奋苦学呢！"

大师真诚的话语，赢得首钢职工敬佩的掌声。由于是临时戏台，不具备演出整场戏的条件，梅兰芳只演唱了《贵妃醉酒》、《宇宙锋》等几个段子，台下却热情不减，掌声和喝彩声响成一片，两位青年女工跑上舞台向大师献上鲜花。

梅兰芳对首钢职工充满深情，首钢职工对梅大师更是无限景仰，多次邀请大师到首钢演出。但是他作为中国戏剧家协会副主席、中国京剧院院长，工作繁忙，常常难以满足首钢人的愿望。梅兰芳的私人秘书许姬传，在他经过"文革"抄家后仅存的一本记录梅兰芳 1955 年 1~5 月份活动情况的日记里有这样一段记载："1955 年 2 月 16 日，复石景山钢铁厂工会函：因为拍摄影片工作太忙，不能来你厂演出，请原谅。"当时，北京电影制片厂正在为梅兰芳拍摄《宇宙锋》。而许姬传在两天前（2 月 14 日）的日记中写道，"葆月（梅兰芳之女——作者注）今晚在石景山钢铁厂演出《辕门斩子》"。从这些文字中，我们可以看出梅兰芳一家与首钢的亲密关系。

梅兰芳演出结束后，在首钢红楼卸装休息时向工会领导表示，一定要再来为职工正式演出。时间仅过了两周，1955 年 5 月 16 日，梅兰芳率领剧团来到位于首钢职工住宅区金顶街和苹果园之间的露天剧场，为工人举办专场演出。

当时，《梅兰芳舞台艺术》还没有封镜，梅兰芳每天的演出和社会活动安排得很满，无法分身，只好利用晚上时间到北京电影制片厂的摄影棚里拍摄到深夜。这对于一个 65 岁的老人来说，确实十分辛苦。

容纳 4300 名观众的首钢露天剧场座无虚席，连过道里都挤满了人。无缘进场的工人，就站在剧场周围的高墙外聆听。梅兰芳看到首钢人如此热爱他的戏，早已忘记了疲劳，深情地说："今晚有几千工人同志来看戏，他们是难得看到我的戏的，我为他们演出一定要特别演好。"

晚上 6 点，舞台上的紫红色丝绒大幕徐徐拉开，一阵锣鼓后，梅兰芳倾尽毕生心血精雕细刻的拿手杰作之一《贵妃醉酒》开演了。他饰演的杨玉环一出场亮相，剧场里顿时掌声雷动。《贵妃醉酒》演绎的是杨贵妃在百花亭摆宴等候唐明皇，唐明皇却忽然驾转西宫。遭到冷落的杨贵妃，独自借酒浇愁的故事。梅兰芳以外形动作的变化来表现这个失宠贵妃饮酒从掩袖而饮到随意而饮，从内心苦闷、强自作态到不能自制、沉醉失态的心理变化过程。舞台上，梅兰芳载歌载舞，先是用扇子遮住酒杯缓缓地浅酌，继而不用扇子遮而痛饮；接着抛开扇子两手捧杯一饮而尽；在表现杨贵妃醉酒过程中，大师炉火纯青地表演了舞扇、醉步、卧鱼、衔杯等高难度动作，委婉的唱腔、优美的韵律、窈窕的身段，真是精彩绝伦，令人心驰神往。

1959 年 6 月 7 日下午，首钢 2000 多名干部职工在五一剧场集会，庆祝三大工程竣工投产。梅兰芳应邀第三次到首钢送戏，带来《凤还巢》向首钢人表示祝贺。梅兰芳到首钢红楼时，红楼已经备好晚饭。首钢领导请他用餐，梅兰芳笑着摆摆手说："我演出前从不吃饭，就不麻烦了。现在就去剧场吧。"首钢领导说时间尚早，请梅院长休息一会儿再去也不迟。梅兰芳微笑着解释道："我化妆比较仔细，比较费时间，还是现在就去吧。"

《凤还巢》是一出久演不衰的梅派名剧，由梅兰芳根据清宫藏本《循环序》改编，1929 年在北京首演，受到观众盛赞。该剧诙谐风趣、构思巧妙、行当齐全，是难得一见的"群戏"。剧情发生在明朝末年，侍郎程浦告老还乡，家有二女：夫人生女程雪雁，貌奇丑；妾生女程雪娥，美貌聪明。程浦与皇族子弟朱焕然游春，遇故友之子穆居易。程浦喜欢穆居易的翩翩风度，欲与雪娥择婿，夫人却打算把自己生的雪雁嫁给穆居易。程浦寿辰之日，穆居易来拜，留宿书馆。入夜，夫人命雪雁冒雪娥名去书馆会穆居易。穆见其丑，误以为程浦骗婚，连夜逃走，途中遇到朱焕然，朱赠穆银两马匹。程浦正在为穆居易去向不明而发愁，适逢朝廷起用，只好奉旨出征。垂涎雪娥已久的朱焕然，得知穆逃程去，乘机冒穆名来程家迎娶。夫人信以为真，即以雪雁代嫁。洞房中，两人发现全是冒名顶替，虽后悔莫及，却有苦难言。这时，强盗作乱，夫人去朱焕然家避难，雪娥却因朱焕然行为不端不肯随往。不久，程浦平定贼寇，接雪娥至军中，穆居易也从军在此。程浦又重提婚事，穆居易断然拒婚。元帅洪功及周监军出面主婚，穆居易不得已说出程女夜入书馆之事。程浦知道穆居易误会，坚持给他和雪娥完婚。洞房中，见雪娥貌美，并非私入书房之人，穆居易大喜。雪娥却因穆拒婚，委屈非常，在穆居易一再谢罪之下，才转悲为喜。朱焕然被劫，携程浦夫人、雪雁来投，一家人团聚。

梅兰芳以传统青衣扮相塑造了纯情少女程雪娥的艺术形象，表演传神，在眼神运用上特别注意"神不离法，法不离神。"剧中程雪娥偷觑穆居易时，那回眸一笑、那含情脉脉的眼神，都被表现得淋漓尽致，配合上轻盈柔美的身段，把剧中人物的心情和形象，鲜明生动地刻画出来。再加上程雪娥的几大段唱腔华丽别致、明快跌宕、如诉如歌，是梅派唱腔中广为流传的著名唱段，充分体现了梅派艺术表演中的"神"、"味"、"美"的特色。《凤还巢》不愧为梅派代表性剧目，至今许多梅派弟子和梅派演员们仍精心学演这出戏。

梅兰芳在首钢的倾情演出，让首钢人如痴如醉。程雪娥的唱腔在五一剧场久久回荡，可谓是"余音绕梁，三日不绝"。梅兰芳离开首钢时，工人们自发地站在路旁夹道欢送，大师含笑招手致意，工人们激动地向大师鼓掌鸣谢，场面感人至深。

1961年8月8日，梅兰芳在北京病逝，长眠在香山附近万花山南麓，洁白的墓碑与十公里外的首钢遥遥相望。大师与首钢的情缘并没有就此完结，2007年，陈凯歌执导的电影《梅兰芳》中，有一组梅兰芳一家人乘火车离开北平去上海的镜头。剧组费尽周折寻遍北京铁路局，也没有找到蒸汽机车头，最后还是在首钢发现了一台锈迹斑驳的火车头。也许是冥冥之中的安排，这台蒸汽机车闲置了十几年，居然还能开动，它怀着对梅兰芳的崇敬，一声长鸣，载着重返人间的艺术大师奔向远方。

新凤霞与首钢的半生缘

新凤霞是我国家喻户晓的评剧艺术大师，她创立的新派艺术在众多评剧流派中标新立异、独树一帜，成为评剧革新的代表，被誉为继小白玉霜之后的又一代评剧皇后。20 世纪 50 年代，她主演的《刘巧儿》风靡全国；她在传统评剧《花为媒》中，以纯熟的演唱技巧，细致入微的人物刻画，塑造了青春美丽富有个性的少女——张五可的艺术形象，从而将新派艺术推向了高峰。

在新凤霞 71 年的生命旅途中，她与首钢有着长达 40 年的交往。在事业的巅峰，首钢人追捧她、敬重她、热爱她；在人生的低谷，首钢人同情她、理解她、帮助她，给予她生活的信心和勇气。

1948 年，新凤霞第一次到石景山钢铁厂演戏，感受到了生活在水深火热之中的工人和家属的苦难。她后来回忆说，"这哪里像个工厂啊，周围到处是垃圾堆、臭水沟，人们穿着破烂的衣服，小孩穿的更是破鞋露着脚趾，破衣露出肉。这一切给我的印象是，石景山真是个穷地方！"

1950 年，已是首都实验评剧团团长的新凤霞跟随全国妇联主席蔡畅、北京市文委书记李伯钊、北京市妇联主席张晓梅到获得新生的石景山钢铁厂宣传普及《婚姻法》，为工人演出了反对封建包办婚姻、争取婚姻自由的新戏《刘巧儿》。

评剧是生发于河北省滦县的地方戏，深受北方地区老百姓喜爱。而当时的石钢职工，大部分是来自河北的翻身农民。新凤霞的到来，使石钢像过节一样，人们奔走相告，万人空巷争看"刘巧儿"。那时的五一剧场还是个露天的土台子，新凤霞上场后，面对万头攒动、人山人海的场面，暗暗提醒自己：在这种环境里唱戏，一定要稳得住，要唱得清楚，咬字准确，不能拼命用力喊，越喊台下越乱。果然，她很快压住了场子，人们鸦雀无声地看着听着，不时爆发出热烈的掌声。

演出结束后，蔡畅等几位老大姐又带领新凤霞深入到车间慰问职工。工人用五张八仙桌搭了个小台子，新凤霞没有一点儿名角大腕儿的架子，爬上台子，演唱了《刘巧儿》"自己找婆家"、"小桥流水"几个精彩段子。只见她手里拿着一条小毛巾，边唱边舞，走圆场、卧鱼、过桥、摘花、河边照影子、前后翻身、跳步等，每一个动作都一丝不苟。在物质匮乏的建国初期，石钢工人别说看戏，就是听戏也没有收音机呀。而现在，却能够如此零距离地欣赏红遍大江南北的新凤霞表演，人们激动得两眼转泪花，高兴得拍红了手。

刚刚挣脱旧社会封建枷锁的石钢工人，婚姻和家庭存在着很多问题，有包办婚姻的，有父母反对子女自由恋爱的，有丈夫打老婆的，有婆媳不和的，还有后娘虐待孩子的。张晓梅和李伯钊领着新凤霞到职工家属区做工作，两位领导走街串巷找妇女谈心，为她们解决问题，新凤霞就一家一家地为职工家属清唱。那时的人心透亮得像水晶，看到共产党的大领导到家里为自己做主，大名鼎鼎的新凤霞亲自到家里送戏，感动极了，很多职工家庭问题和矛盾得到了化解。不久，新凤霞应石钢领导邀请，率领剧团在五一剧场连续演出了三场评剧新戏《艺海深仇》，剧情是旧社会艺人受苦受难的故事，结尾是艺人翻身得解放、控诉戏霸和坏人。每次演到这里，台下的工人群情激奋，"打倒恶霸!" "为受苦人申冤报仇"的口号声响成一片。工人看完戏，纷纷写下决心书，表示要为国家多炼铁，为社会主义建设添砖加瓦。

1951年2月，石钢2号高炉大修工程竣工投产。厂里召开了庆功会，邀请新凤霞出席，她辅导的石钢评剧团表演了精彩的节目。这一年，新凤霞调入中国人民解放军总政文工团解放评剧团任主演兼副团长，1953年，又调入中国戏曲研究院中国评剧团一队任演员；1955年，新凤霞被任命为中国评剧院艺术委员会副主任、主任。

正当新凤霞的事业如日中天的时候，厄运降临了。在1957年的"反右"运动中，因为她不愿意与被打成"右派"的丈夫吴祖光离婚，被扣上"右派"的帽子。新凤霞从人生的巅峰跌落到谷底，日子过得极为艰难。她台上唱戏，台下劳动改造，有人甚至在她演出的剧场贴出大字报，批判她的"反动罪行"。在旧社会饱受欺压的新凤霞对共产党充满感恩之情，怎么也不明白自己怎么竟成了反党分子，她欲哭无泪，几乎失去了生活的勇气。就在这个时候，石钢干部职工给了她信心和力量。"石景山的领导和广大职工非常理解我，仍约我去演戏。而且，每次我都受到热烈欢迎，和以前一样。所不同的是，演出后总有很多观众把事先写好的信交到我手里，而且不断有职工进城来我家看我，偷偷说几句体贴话。有位业余唱评剧的女职工来我家对我说，你们是好人，一定有好报，早晚也会平反，好好工作演戏，群众眼睛是亮的。我听了很受感动，这仿佛是给我的强心剂。在困难的时候能有这么多好人给我力量，真比金子还珍贵呀！"

1959 年 5 月 23 日，石景山钢铁公司 3 号高炉建成投产。这座高炉是石钢采取基建投资大包干办法实施的三大工程之一，高炉容积由 635 立方米扩大到 963 立方米，采用框架式结

◆ 1962 年，新凤霞来首钢慰问演出

构，高压炉顶、碳砖、高铝砖炉底、可自动控制的斜桥上料；炉前配有电动泥炮、开铁口机、堵渣机；出铁场配有天车等，技术装备达到了国内先进水平。该炉投产使石钢炼铁生产能力提高近一倍。因此，中国评剧院准备排演一出反映石钢"大跃进"的新戏《红河一条龙》，新凤霞被安排到石钢体验生活，她和工人打成一片，脏活累活抢着干。体验生活结束时，厂领导特意在职工大会上表扬了新凤霞。由于新凤霞戴着"右派"的帽子，只能当配角，扮演一个出身不好的技术员。《红河一条龙》在石钢五一剧场和职工见面了，尽管新凤霞只有一场戏和一段唱，却赢得了满堂彩。她一出场，工人就报以热烈掌

声。身处逆境的新凤霞极力控制住情感，她明白：这掌声可不同以往呀，是对自己的理解和同情啊！

"文革"开始后，新凤霞遭到进一步迫害，被关进中国评剧院的"牛棚"。首钢（1966年9月，石景山钢铁公司改名为首都钢铁公司——作者注）的干部职工一直在牵挂着她的安危。一天，两个陌生的年轻人来找新凤霞调查情况。关上门后，他们自我介绍说是首钢人，借外调机会来看望她。原来，首钢职工听到一些传闻，说新凤霞被打伤了，送走了，自杀了，于是派人以外调为借口到中国评剧院打探情况，工人还为新凤霞凑了40斤粮票和10块钱。首钢职工在患难之中表达的真情，感动得新凤霞热泪盈眶。和新凤霞一起遭受迫害的小白玉霜，因为不堪凌辱用黄酒吞下安眠药自杀了。听到这个消息，首钢的两位老工人马上从石景山赶到城里看望新凤霞，对她千叮咛万嘱咐："你千万要想开些，不要走小白玉霜的路，观众是不会忘记你的……"新凤霞无限感激地表示："我从没有想过自杀，我要看看他们有什么好下场，我宁愿让他们打死、斗死，也决不自杀！"

1975年初，新凤霞被发配到石景山金顶街副食管理处劳动。金顶街是首钢最大的职工住宅区之一，首钢职工和家属听说新凤霞来了，纷纷到她劳动的食堂和商店看望她，拉着她的手嘘寒问暖。这期间，她受到了首钢工人师傅的细心照顾，再一次体会到钢铁工人深沉炽热的真情，也在苦难中找到了劳动的快乐。"有一次我被夸奖了，那是吃炸酱面，要每碗面配一份黄瓜，我就管分黄瓜。师傅说，'本来黄瓜应当切成丝，但切丝要用手抓，出汤，不卫生，也不着吃。发根黄瓜咬着吃，就像吃蒜一样，味道鲜。'我领了管分黄瓜的任务很高兴。我这个人给个差事就认真极了，我一条一条地把黄瓜洗干净。可是黄瓜每条不一样大，分份就难了。我自作主张：大黄瓜一条，小黄瓜两条，再小的三条，反正不让买饭的职工吃亏。这事也来不及向炊事班长请示，结果发黄瓜大家很满意。炊事班长说：'凤霞这件事办得好，咱们满意，买饭的也满意'。"

"四人帮"倒台后，新凤霞得到了平反。可是，她在"文革"后期因脑血栓导致的偏瘫使她永远告别了评剧舞台。行动不便的新凤霞渐渐淡出人们的视野，然而首钢人却没有忘记她。1991年春节前夕，首钢特钢公司举行年终庆功会，特意把新凤霞接到会场。车到石景山，新凤霞望着远处熟悉的高炉、厂房，胸中激荡着40年来她与这座工厂荣辱与共的故事、与这里的工人结下的深情，泪水像断了线的珠子滚落下来。如今，历经磨难的新凤霞已经两鬓凝霜，而首钢人对她的真情却依然如故。人们簇拥着她，把坐在轮椅上的新凤霞抬上三楼的礼堂。看着那么多笑脸，听着那么多亲切的问候，新凤霞泪流满面。此时此刻，她有多少话要向首钢人讲，有多少戏文要对首钢人唱啊！新凤霞摘下老花镜，擦了一把泪，望着一双双真挚的眼睛，她努力抑制住泪水，唱出了自己的心声："亲爱的工人老大哥，各位领导，咱们今又见面多欢乐。回头看却坎坎坷坷。我走过了几十年，今天咱们欢聚一堂，心里的话儿说不完，我祝你们万事如意再夺高产，事业兴旺大发财源……"

东方旗鱼和 "石景山钢铁厂号" 战机

1991 年 12 月 23 日，首钢与北京自然博物馆联合举办的《珍稀鱼类展览》在北京隆重举行，全国政协副主席程思远为开幕式剪彩，并欣然写下 "首钢盛名誉满九州" 的题词。

北京自然博物馆展厅里，一条首钢赠送的大鱼标本格外引人注目，只见它背鳍像一面旗帜，头部生着一支尖尖的长吻，好像一把利剑。展台上的标牌写着："东方旗鱼，属鲈形目旗鱼科旗鱼属，分布于全世界热、温带海域，为热带、亚热带海洋上中层大型凶猛鱼类。"

在海洋鱼类中，东方旗鱼堪称游泳冠军，它游动时垂下背鳍，以减少阻力；长剑般的吻突，将水向两旁分开；尾柄尾鳍摆动强劲，仿佛舰船的推进器，流线型的身躯更使它在海洋里行进如离弦之箭，最高时速可达 110 公里。因此，一些国家的海军喜欢用 "东方旗鱼" 命名舰艇。1943 年 12 月 4 日，在日本八丈岛海域巡逻的美军 "东方旗鱼" 号潜艇，创造了三次发射鱼雷三次命中目标，一举击沉日本 "冲鹰" 号航空母舰的战绩。

正是因为东方旗鱼数量稀少，难以捕捉，一直是各国博物馆求之不得的珍贵藏品。

前来北京自然博物馆采访的新闻记者们感到纳闷：搞钢铁的首钢怎么和"东方旗鱼"搞到了一起？这条罕见的大鱼标本，首钢是从哪里弄到的？

◆ 首钢捐赠北京自然博物馆的展品——东方旗鱼

是年9月，首钢职工生活供应委员会的几位采购人员，到辽宁省绥中县海滨为职工采购海产品。在出海捕鱼归来的渔船上，他们发现一条从未见过的怪鱼，这条大鱼足有三米多长，细长的身子呈深蓝色，肚皮两侧泛着银白，一对乒乓球大的鱼眼露着凶光。尖细的长吻直刺前方，脊背上的鳍又宽又高，宛如船上的风帆。渔民们围着怪鱼七嘴八舌地议论着，谁都说不清它属于哪个品种，就连在海上漂泊了半辈子的渔老汉，也叫不出它的名字。

小渔港附近，座落着首钢绥中职工疗养院。当时，首钢党委书记周冠五正在那里开会。听罢采购员的汇报，周冠五略微思索了一下，满有把握地说："看样子是东方旗鱼。"人们很惊讶，周书记精通钢铁生产，怎么对鱼类也有研究？周冠五笑道："这种鱼我以前见过，只是没有这么大，赶快买下来，运回北京！"

采购员们跑回小渔港，那条大鱼却不见了踪影。一打听，大鱼已经被老乡抬进村。他们赶紧分头行动，挨家挨户寻找，终于在村口拦住载着大鱼的拖拉机，老乡准备把它运到县城的酒店卖个好价钱。经过一番讨价还价，首钢用高价买下了这条罕见的大鱼。

时值初秋，暑热未消。绥中离北京400公里，那时候还没有高速公路，汽车在国道上至少需要行驶10个小时才能到京。大鱼的运输和保鲜防腐成了难题。首钢采购人员小心翼翼地用床单把鱼包裹好，然后抬上卡车送到首钢绥中职工疗养院冷库。由于鱼体型巨大，短时间内无法冻透，如果采取速冻方法，鱼身外冷内热，很容易从里向外腐烂。首钢生活供应委员会的齐有才、刘永胜围着大鱼琢磨了一会儿，决定先对大鱼进行自然冷冻。同时与北京联系，让厂里马上制作存放大鱼的保鲜柜。为了防止大鱼被冷气吹干，几个人分成三班，昼夜不停地往鱼身上洒水保湿。为了保证冷冻均匀，他们每隔一个钟头还要给大鱼翻身。与此同时，首钢第二线材厂修理工段的工人也在加班加点赶制保鲜柜。两天后，一只精心设计制作的长方形保鲜柜运到了首钢绥中职工疗养院冷库。为了确保万无一失，首钢又从北京派出一辆大型冷藏车和两位经验丰富的司机运输大鱼。

大鱼完好无损地运送到首钢总公司冷库，应邀前来鉴定的北京自然博物馆鱼类专家看见大鱼惊喜万分："东方旗鱼，真是东方旗鱼！"老专家激动地说："东方旗鱼是大洋性鱼类，生活在深海里，在渤海湾发现还是头一次。这条鱼已经生长到了极限，堪称旗鱼之王。"

首钢把东方旗鱼赠送给北京自然博物馆，北京自然博物馆向首钢回赠了"携手并肩，发展科技"锦旗，并聘请周冠五为"荣誉高级馆员"。

◆ 首钢职工在抗美援朝生产竞赛中，捐款和超额完成国家计划的利润，可为志愿军装备 25 架战斗机

产业报国，奉献社会，心系民生，是首钢的优良传统。新中国诞生后，首钢作为长江以北最早恢复生产的钢铁企业，始终与祖国同呼吸共命运。1951 年 1 月，首钢在抗美援朝生产竞赛中，提出了"工厂变战场，机器当武器，前方猛杀敌，后方多出铁"的口号，职工捐献的 5.79 亿元（旧币）加上上年超额完成国家计划的利润，可以购买 25 架战斗机。厂党委把其中一架战机命名为"石景山钢铁厂号"。八一电影制片厂摄制的大型文献历史影片《较量——抗美援朝战争实录》，真实地记录了首钢人的报国志和爱国情。

据不完全统计，建国后，特别是改革开放以来，首钢支援国家残疾人福利事业、文教卫生事业、体育事业、贫困地区和灾区以及市政建设的款项就有上亿元。2003 年春天，首钢向抗击"非典"的首都医务工作者捐赠 1350 万元；2008 年 5 月 12 日，四川省汶川县发生里氏 8 级特大地震，首钢向灾区派出了医疗小分队，同时捐款 1398 万元，4344 名共产党员向党组织交纳抗震救灾"特殊党费"638209 元。

钢铁人

gang tie ren

钢铁巨擘安朝俊

震慑赫鲁晓夫的首钢民兵方队

第四套人民币上的钢铁工人原型

钢铁巨擘安朝俊

在中国钢铁工业发展史上，石景山钢铁厂生产副厂长兼总工程师、首钢第一任副经理兼总工程师安朝俊，为使首钢从一个小型炼铁厂发展成为现代化大型钢铁联合企业，为推动我国冶金技术攀登世界高峰作出了卓越贡献。

安朝俊 1911 年 5 月 22 日生于河北省行唐县，1936 年毕业于天津国立北洋工学院矿冶系。1937 年在汉口六河沟炼铁厂担任高炉值班工程师；抗日战争爆发后，先后任重庆矿冶研究所技佐、重庆陵江炼铁厂代厂长兼工程师。1946 年任石景山钢铁厂炼铁厂厂长。1951 年起任石景山钢铁厂生产副厂长兼总工程师，首都钢铁公司副经理兼总工程师。1979 年至 1985 年当选为北京市第七、八届人大常委会副主任。他还是第二、三届全国人大代表，第五届全国政协特邀委员，北京市第五次党代会代表，第一、二、七、八届北京市人大代表，市人民委员会委员。作为中国著名钢铁专家，他两度赴越南太原钢铁厂指导生产建设；作为中国政府观察员，他曾列席在莫斯科举行的经济互助委员会会议；作为爱国知识分子，他在首钢的工作和生活受到了周恩来总理的亲切关怀。

安朝俊的人生足迹，贯穿着中国近现代民族钢铁工业从小到大、从落后到崛起的发展历程。1941年春天，时年30岁的安朝俊作为重庆陵江炼铁厂代理厂长和工程师，成功地冶炼出大后方急需的灰口铁，被誉为"青年炼铁专家"。1942年，国民政府资源委员会选派安朝俊赴美学习冶金技术和企业管理。在两年的时间里，安朝俊在美国钢铁公司和美国共和钢铁公司实习了炼铁生产的全部工艺流程。1946年9月，从美国归来的安朝俊担任了石景山钢铁厂炼铁厂厂长和总工程师，他带领技术人员和工人，采用从美国学来的高炉挖补法，对遭到日本侵略者破坏的一号高炉大修；又按照美国开炉料计算和装料方法，参照日本装料法，确定了开炉程序，使一号高炉于1948年4月1日顺利出铁，成为抗战胜利后中国惟一一座开炉生产的大型炼铁炉。

　　1948年12月，人民解放军兵临北平城下。安朝俊决定保护高炉迎接解放，并与技术人员秘密拟定了封炉方案。石钢解放前三天，安朝俊进城向主管部门华北钢铁公司汇报工作后城门已经紧闭，这时他考虑的不是个人安危，而是高炉的安全。在空无一人、文件狼藉的华北钢铁公司办公室里，安朝俊额头上渗着汗珠，终于拨通了石景山钢铁厂的电话："我是安朝俊，你们马上封炉，一定要保护好设备安全！"他对着话筒大声布置着封炉操作程序和注意事项，他以一个爱国知识分子的忠诚，向新中国献上了一颗滚烫的心，一份珍贵的礼物。

　　1949年，全国钢产量只有15万吨，而新中国全面展开的大规模经济建设和巩固国防，一年就需要数百万吨钢铁。石景山下，安朝俊的办公室灯火通明，他夜以继日地工作着，组织技术人员和职工迅速完成了石钢一、二期修复工程，生铁产量从1949年的2.53万吨激增到1952年的34.4万吨，超过了石钢解放前30年铁产量的总和。

从 1954 年起，安朝俊出任石景山钢铁厂生产副厂长兼总工程师，其后石钢由厂改制为公司，后又改名为首都钢铁公司、首钢总公司。他始终没有离开生产副经理兼总工程师岗位。在近 30 年的任期内，安朝俊创造性地将美苏的先进技术与我国钢铁生产实际相结合，制定出一套科学的生产方针。他把全部精力都投入到发展钢铁生产与科技进步上，使中国钢铁冶金技术迅速达到世界先进水平。

◆ 三届全国人大会议上，安朝俊（二排左一）和周总理在一起

20 世纪 50 年代初期，安朝俊积极采纳苏联专家建议，克服缺乏机械设备的困难，在首钢建立起我国钢铁工业第一座矿石平铺切装混匀料场，同时对一高炉进行技术改造，安装了首钢自行设计制造的我国第一台麦基式炉顶旋转布料器。这两项先进技术在全国推广后，使钢铁生产向前迈进了一大步，受到重工业部表扬。也使首钢高炉从此跻身国内先进行列。

1955 年 8 月，安朝俊作为中国冶金代表团炼铁专业负责人赴苏联、捷克学习考察。在为期四个月的考察中，苏联同行先进的生产组织和大力推行新技术，给他留下深刻印象。特别是德涅伯尔贝得罗夫斯克钢铁厂正在试验的全苏首台氧气顶吹转炉和苏联黑色冶金实验基地新图拉钢厂对钢铁新技术、新工艺、新设备的试验与推广，使安朝俊科技强国的思想产生了又一次飞跃。

50年代中期，奥地利钢铁代表团带着开价5亿元人民币的氧气顶吹转炉新技术来到中国推销。可是当时有关部门出于种种原因，对这项新技术没有接受。奥地利钢铁代表团转道飞向东瀛，精明的日本人当即买下这项将传统平炉炼一炉钢需要8小时缩短到几十分钟的划时代冶金新技术，一跃成为世界钢铁大国。

1958年9月，首钢第一座三吨空气侧吹碱性小转炉投产。从此结束了有铁无钢的历史。首钢炼钢生产一起步，安朝俊就瞄准了氧气顶吹转炉新技术。当时，国内冶金界对氧气顶吹转炉技术争议很大。有人认为这项技术尚不成熟，有人主张采用氧气侧吹转炉技术。国外一家钢厂采用该项技术还发生了爆炸。面对阻力，安朝俊力排众议，向冶金部提出在首钢进行氧气顶吹转炉技术试验申请。他组织钢研所编译了厚厚一摞氧气顶吹转炉技术资料到处散发，以科学严谨的论据说服了上级主管部门。1962年，这项技术开始在首钢3吨小转炉上进行工业试验，很快取得了成功。1964年12月24日，中国第一座氧气顶吹转炉炼钢厂在首钢建成投产，30吨氧气顶吹转炉成功地炼出第一炉钢水。从此，这项新技术向全国推广。

20世纪60年代，世界各国为了节约焦炭，降低成本，开始研究高炉喷吹附加燃料技术。当时国外采用的高炉喷吹附加燃料主要有重油、天然气和煤粉，而我国在这方面还是个空白。冶金部于1963年召集有关部门和专家研究高炉喷吹附加燃料工艺，安朝俊从我国国情出发，提出采用无烟煤作为喷吹附加燃料的建议，得到冶金部采纳，并批准在首钢做试验。
1964年春，当首钢喷吹煤粉装置正在进行工业试验时，也在
搞喷吹煤粉技术研究的我国某钢铁厂高炉突然发生爆炸，造成
包括一名工程师在内的多名职工死亡的重大事故。冶金部第二
天便通令全国钢铁企业暂停这项试验。接到命令，安朝俊立即
派人到那家企业了解事故经过。当时，该企业还来不及系统分
析爆炸原因，首钢技术人员经过认真调查分析，查明了导致喷
煤罐爆炸的祸首是烟煤。用烟煤加工的煤粉在喷煤罐中发生自
燃后与空气混合导致了爆炸。安朝俊认为，如果采用无烟煤和
安全措施得当，事故是完全可以避免的。他于是向冶金部请求

◆ 在越南总理范文同（前左一）出席的越南太原钢厂投产典礼上，安朝
俊（前左三）接受工人献花

继续试验。当时，那家钢铁厂喷吹煤粉试验爆炸事故给人们带
来的恐惧心理尚未消除，有人担心安朝俊是在冒风险。在首钢
党委支持下，安朝俊义无反顾地率领工程技术人员继续开始了

试验。

1964 年 4 月 30 日，是中国钢铁工业发展史上一个里程碑的日子。安朝俊主持研制的首钢一高炉喷吹煤粉装置一次试车成功，成为继美国阿姆考公司、苏联顿涅茨公司之后世界第三家拥有这项先进技术的企业。1966 年，全部采用喷吹煤粉技术的首钢三座高炉的平均入炉焦比降低到 467 公斤，有效利用系数提高到 1.901，跃居国际领先地位。而率先喷吹煤粉的一高炉，每立方米容积昼夜炼铁 2.551 吨，每吨铁的焦炭消耗降到 336 公斤，为新中国冶金工业和工业战线夺得了第一个经济技术指标的世界冠军。

高炉喷吹煤粉技术是炼铁工艺的一次革命。在全国钢铁行业推广所创造的效益是惊人的。高炉每喷吹一吨煤粉，即可节省 800 公斤焦炭。而这些焦炭需要 2 吨原煤才能炼成，每冶炼 1 亿吨铁至少可以节约炼焦原煤 1000 多万吨！该项技术在地球炼焦煤资源日益减少的今天，仍然具有极为重要和深远的经济意义与战略意义。国际上公认首钢在这一领域具有领先地位。英国戴维公司同首钢签订协议：他们在 8 个国家中每推销一套喷吹煤粉装置，就要付给首钢占设备费 8%的许可证费。

1993 年 8 月 31 日，为中国钢铁工业技术进步奋斗了半个世纪的钢铁巨擘安朝俊，走完了他壮丽的人生路程。弥留之际，安朝俊牵挂的还是钢铁，他从昏迷中醒来，要身边的人转告首钢领导："秘鲁铁矿含硫高，用时要注意……"

震慑赫鲁晓夫的首钢民兵方队

　　1959 年 10 月 1 日，北京天安门广场举行了盛况空前的国庆大阅兵仪式。开国领袖毛泽东站在天安门城楼上，望着肩扛"7.62"步枪和轻机枪、由 1500 名首钢民兵和 300 名石景山发电厂民兵组成的首都民兵师方队，意味深长地对站在身边的苏共中央第一书记、部长会议主席赫鲁晓夫说："我们有 1 亿民兵！"这个数字，令这位曾在联合国大会上脱下皮鞋敲桌子的强势人物震惊不已。

　　当时，新中国所处的国际环境十分险恶，1957 年 6 月 28 日，美国国务卿杜勒斯在旧金山发表演说，毫不掩饰地表示要消灭一切社会主义国家。在美国政府的怂恿下，台湾当局不断出动飞机深入祖国大陆内地，在云南、贵州、青海、四川等地空投特务、散发传单，甚至对福建沿海地区进行轰炸。与此同时，蒋介石还不断向金门、马祖等靠近大陆的岛屿增兵。1958 年夏季，金、马两地的兵力已达 10 万之众。中国与苏联老大哥的关系，也因为 1958 年夏天发生的"长波电台"和"联合舰队"事件出现裂痕。1958 年 8 月 23 日，毛泽东在福建前线调集近 500 门大炮"万炮轰金门"，进一步惹恼了莫斯科政权，两个社会主义大国从此走向对立。"8.23"炮战后，美国政府按照艾森豪威尔总统的命令，在不到 10 天的时间里，派出由 4 艘航空母舰组成的美国海军第七舰队开赴台湾海峡，同时第六舰队一艘航空母舰和部分战舰也从地中海驰援台湾，美国第一批海军陆战队近 4000 人在台湾南部登陆。台湾海峡战云密布，剑拔弩张。

面对严峻的国际形势，中国政府把民兵建设作为巩固国防的重要任务。1958 年 8 月 29 日，毛泽东在北戴河中央政治局扩大会议上提出："必须在全国范围内把拿武器的男女公民武装起来，以民兵组织的形式，实行全民皆兵。"同年 9 月 29 日，他在对新华社记者发表的谈话指出："帝国主义如此欺负我们，这是需要认真对付的。我们不但要有强大的正规军，我们还要大办民兵师。"

毛泽东不但高度重视民兵的作用，还对民兵倾注了革命英雄主义和浪漫主义诗情："飒爽英姿五尺枪，曙光初照演兵场。中华儿女多奇志，不爱红装爱武装。"

首钢民兵在国庆阅兵式上率先擎起"首都民兵师"的大旗，在全国产生强烈反响。到 1959 年底的短短三个月间，全国就成立了 5175 个民兵师，44205 个民兵团；民兵人数由原来的 4000 多万，发展到 2.2 亿；民兵占了当时全国人口总数的 35%。1961 年，经过调整的民兵数量虽然减少了几千万人，但仍有 1 亿多人。1969 年"珍宝岛事件"发生后，中国为了对付苏联红军入侵，提出"七亿人民七亿兵，万里江山万里营"的口号。全民皆兵，构筑了中国国防的钢铁长城，对美苏两个超级大国起到了不容低估的震慑作用。大办民兵师在国际上也产生了极大影响，英国元帅蒙哥马利 1958 年访问中国，在参观了广州市的民兵表演后说："战争，光靠原子弹解决不了胜负问题，谁要想入侵中国，碰到了中国的民兵，是进得去，出不来的。"美国驻台湾军事顾问团也不得不承认：中共是打游击战的专家，现在民兵遍地，如果美国和中共一旦作战，登上了中国大陆，就等于陷入了泥沼，寸步难行。

◆ 建国 50 周年庆典上，首钢民兵方队通过天安门广场

闻名全国的首钢民兵师，成立于 1958 年。这年 7 月，刘少奇到首钢视察，对首钢民兵建设工作做出了重要指示，他对首钢领导说："把枪给大家背起来，一人发二三十发子弹，遍地皆兵，什么帝国主义打来也不怕。"在刘少奇的指示下，当年 8 月 29 日，首钢成立了"钢铁工人民兵团"，下辖 4 个营，共计 2800 名民兵。10 月，在毛泽东发出"大办民兵师"号召后，首钢"钢铁工人民兵团"扩编为"钢铁工人民兵师"，下辖 13 个团，民兵总数为 4 万余人，是当时职工总数的 78%。到 20 世纪 70 年代，首钢民兵已经发展到 8 个专业兵种，其中高炮兵种组成了包括指挥、航模、测距、观察、通讯保障在内的全部配套的专业技术分队。

在那个鼓荡着革命激情的岁月里，首钢民兵是不脱产的部队，他们在工厂里是生产骨干，也在有限的短期训练中练就了过硬的本领。1975 年，首钢高炮连在参加北京卫戍区组织的实弹演习中，成绩突出，受到北京卫戍区的嘉奖。1984 年，首钢民兵在北京卫戍区教导队集训考核中，获得集体第一名。1985 年，在北京卫戍区组织的专职武装干部训练考核中，首钢民兵以平均 98.45 分的成绩，荣获团体第一名。

首钢民兵师在 1958 年国庆首次亮相后，参加了历次国庆阅兵活动。在 1960 年、1984 年和 1999 年的国庆盛典上，首钢民兵师 3 次单独组成方队，代表全国民兵接受检阅。1984 年在国庆 35 周年大典中，353 名首钢民兵组成的方队，集体受到中央军委主席邓小平签署的通令嘉奖；1999 年 10 月 1 日，450 名首钢民兵雄姿英发地走过天安门广场，接受祖国和人民的检阅，在中国民兵史上留下了闪光的足迹，受到中央军委主席江泽民的通令嘉奖。2009 年建国六十周年大阅兵，国家考虑到首钢正在进行搬迁调整，没有安排首钢民兵方队受阅。

第四套人民币上的钢铁工人原型

　　1987 年 4 月 27 日，中国人民银行向全国发行了第四套人民币。这套人民币从 1967 年 1 月开始筹划，直到 1985 年 5 月才尘埃落定，前后历经 18 年，是建国以来酝酿时间最长的一套人民币。因此，在设计思想、风格和印制工艺上都有一定的创新和突破。主景图案集中体现了在中国共产党领导下，中国各族人民意气风发，团结一致，建设有中国特色社会主义的主题思想。在设计风格上，这套人民币保持和发扬了中国民族艺术传统特点，主币背面图景取材于中国名胜古迹和名山大川，背面纹饰全部采用富有中国民族特色的图案。在印制工艺上，主景全部采用了大幅人物头像水印，雕刻工艺十分复杂；钞票纸分别采用了满版水印和固定人像水印，不仅表现出线条图景，而且表现出明暗层次。第四套人民币工艺技术要求很高，进一步提高了中国印钞工艺技术水平和人民币的防伪能力。

　　与前三套人民币不同的是，第四套人民币首次增加了 50元、100 元大面额钞票。50 元正面图案采用工人、农民和知识分子头像，背面是黄河壶口瀑布；100 元正面是毛泽东、周恩来、刘少奇、朱德四位领袖像，背面是井冈山全景。50 元券正面图案设计，充分体现了我国宪法规定的"中华人民共和国是工人阶级领导的、以工农联盟为基础的人民民主专政的社会主义国家"和"社会主义的建设事业必须依靠工人、农民和知识分子，团结一切可以团结的力量"的国体和政权性质。

◆ 50元人民币上的钢铁工人图像

　　第四套人民币上的人物图案，除了毛泽东、周恩来、刘少奇、朱德按照本人容貌设计外，工农兵、知识分子和各族人民形象都是以模特为原型设计而成的。第四套人民币50元钞票上的工人头像，是典型的身穿白帆布工作服、头戴前进帽和防护眼镜的炼钢工人形象。设计师把炼钢工人面部刻画得十分传神，粗黑的浓眉下，目光深沉刚毅，鼻子、耳朵、嘴唇和脸部轮廓的线条厚重结实，彰显出改革开放新时期中国工人的精神风貌。

　　在建国以来发行的五套人民币中，炼钢工人的形象先后三次出现，分别是第二套人民币10元钞票，第三套人民币5元钞票和第四套人民币50元钞票。而第四套人民币炼钢工人原型则来自首钢。

　　20世纪80年代初的一天，北京印钞厂的设计师来到首钢特钢公司工会，请工会的同志帮助挑选一名炼钢工人作为第四套人民币50元图案的工人头像原型。首钢特钢公司工会主席吴伟对这件事非常重视，认为虽然是为人民币的设计提供模特，但是对首钢人而言，是莫大的信任和光荣。吴伟热情接待了客人，很快推荐了一位炉前工。设计师拍照之后感觉不够理想。吴主席于是找来了在首钢特钢公司炼钢厂先后干过炉前工、炉前班长和炉长的张金路。

张金路 1954 年生于北京，1970 年应征入伍，在部队当过五年兵，1975 年转业到首钢特殊钢铁公司。当时，公司打算安排他到基建科工作，他却主动要求干炼钢工。有人悄悄提醒他，炼钢工是个又脏又累又热的艰苦岗位，张金路却认定这是个男子汉的事业。他把军人的作风带到了炉前，干起活来敢打敢拼，从炉前工做起，历任炉前班长、炉长、

◆ 首钢特钢公司炼钢炉长张金路

炼钢厂调度长。20 世纪 80 年代，正是改革开放日新月异、钢铁产品供不应求的火红年代。张金路严格管理，带领职工精心操作，用 50 年代的设备打出了国内一流的生产水平，他领导的炉台连续两年获得高产炉台称号。张金路先后在五个炉台担任过炉长，每到一个新炉台，他都以严于律己、身先士卒的示范作用，把职工团结成为一个坚强的战斗集体，创出了突出业绩。他多次获得首钢四化尖兵、最佳操作能手称号，被评为"北京市优秀党员"，连续两年获得"首都五一劳动奖章"。

为了完美地展现炼钢工人形象，厂里特地为张金路准备了

一套崭新的白色炼钢工作服和一条白毛巾。当时，炼钢工人戴的安全帽还是柳条帽，北京印钞厂的设计师认为这种帽子特点不突出，要求戴白帆布前进帽。张金路犯了难，这种帽子到哪里去找呢？吴伟灵机一动，拉着张金路来到特钢公司文艺宣传队，在服装道具箱里翻出一顶演出用的白色前进帽。张金路穿戴整齐一亮相，令北京印钞厂的设计师眼睛一亮，这就是他们要找的炼钢工人原型！于是端起照相机从各个角度拍摄了照片。张金路荣幸地成为第四套人民币 50 元钞票设计图案的炼钢工人原型。

随着时光的推移，张金路以后的人生境遇发生了很大变化。为了保护首都的环境，首钢人做出了巨大的牺牲。1995年~2003 年间，首钢特钢公司先后淘汰了以电炉为龙头的能耗高、污染大的落后生产线及工装设备，与之相关的 10 个生产厂、14 条生产线被关停，消灭了 48 个污染源。停产、搬迁使企业生产规模大幅度压缩，大批职工被分流下岗。2000 年底，张金路主动提出离职，为企业减轻负担。2001 年 7 月，47 岁的张金路在亲友帮助下，只身来到美国佛罗里达州巴拿马城进行第二次创业。他在美国干过小时工、盖过房子、当过修理工，饱尝了生活的艰辛。炼钢工的经历和钢铁的韧性与可塑性，赋予了张金路坚忍不拔的性格，使他很快适应了异国环境。在餐馆打工的时候，张金路平均每天工作 13 个小时以上。他从洗碗工干起，不到半年就上升到打理自助餐台面，不仅学会了用英语叫菜，还能听懂客人对饭菜的意见。接着他又暗自向厨师学习炒菜，一年半之后另起炉灶开起了自己的餐馆。在美国的 7 年里，张金路经历了"9·11"事件、美伊战争、佛罗里达州飓风灾害和源于美国的金融危机；对美国社会有了深刻的认识和了解。2008 年 2 月，张金路回到祖国北京。

钢铁传奇

gang tie chuan qi

"台海危机"与迁安铁矿

1958 年 8 月 23 日下午 5 时 30 分，中国人民解放军突然以猛烈的炮火轰击金门，在两个多小时内发射炮弹近三万发，击

◆ 人民解放军炮轰金门

毙击伤国民党军中将以下官兵六百余人，两名美军顾问也在炮火中丧生。这场震惊世界的炮战，导致美国海军第七舰队 4 艘航空母舰和第六舰队一艘航空母舰进入台湾海峡，4000 名海军陆战队士兵登陆台岛，"第二次台海危机"从此爆发。

"8.23"炮战沉重地打击了国民党军队，粉碎了美国妄图分裂中国的阴谋。远在中国内陆的首钢职工为这次战役胜利欢欣鼓舞。但是他们没有想到，台湾海峡的紧张局势，竟给首钢的经营生产带来了一定影响。

建国初期，首钢的炼铁原料主要来自位于河北宣化的龙烟铁矿和海南岛昌江县的石碌铁矿。龙烟铁矿一直是首钢的铁矿原料基地，也是首钢和宣化钢铁公司的摇篮。龙烟铁矿始建于1919年，1937年"七七事变"后，日军侵占龙烟铁矿，改名为"龙烟铁矿株式会社"。1941年3月，日伪成立了"蒙疆兴业股份有限公司宣化制铁所"。建国后龙烟铁矿所属的烟筒山铁矿、庞家堡铁矿、氧气厂等厂矿陆续恢复生产。1951年~1958年间，龙烟铁矿西炼铁厂和东炼铁厂共有8座71立方米高炉、6座54立方米高炉投产。从1949年10月到1957年，龙烟铁矿生产铁矿石666.73万吨，占全国同期总产量的9.89%，占河北省同期总产量的60.17%；生产生铁54.6万吨，占河北省同期总产量的97.6%。龙烟铁矿铁矿石除了供应北京石景山钢铁厂，还供应山西太原钢铁厂。

石碌铁矿是我国最大的富铁矿，矿区总面积60平方公里，铁矿储量为3亿吨，平均品位51.2%，最高达69%。石碌铁矿自明代就开始采挖。1939年日本侵略者侵占海南岛后，强征几万民工，对石碌铁矿进行掠夺性开发，将50多万吨的富铁矿石装船运往日本。1950年5月海南岛解放后，中南军政委员会工业部组织人力对石碌矿山进行修复。1951年1月，石碌铁矿开始向内地运送铁矿石，支援社会主义建设。

1958年全国大炼钢铁，华北地区对铁矿石的需求成倍增长，龙烟铁矿已经难以满足石景山钢铁厂生产需要，而石碌铁矿的矿石从海南岛运到北京，成本居高不下，在每吨60元的到厂价格中，运费就占了 43 元。由于承运铁矿石的英国货轮往返都要经过台湾海峡，"8.23"炮战之后，英国人出于安全考虑，终止了与首钢的运输合同。

◆ 首钢矿业公司选矿生产线

　　铁矿石原料告急，没有自己的铁矿基地，首钢就很难发展。河北省东部的迁安、迁西、滦县一带，早在公元 6 世纪就发现了矿脉并进行开采和冶炼，迁安北部水厂山区一些地方的铁矿石甚至裸露出来，唐太宗李世民东征高丽和明代戚继光在此屯兵时，都曾在这里打造过兵器。1915 年，地质学家丁兰格绘制了滦县铁矿分布图；1950 年，清华大学地学系主任、著名地质学家袁复礼教授带领河北省工业厅的同志进行冀东铁矿勘察，认为迁安地区蕴藏着丰富的铁矿资源。1953 年，地质部华北地质局 113 队在这一带进行了大规模调查，编制了 1:10 万地质图和文字报告，证明这里具有一定的铁矿储量。1956 年，冶金工业部地质局华北分局 503 队探明在迁安裴庄一带有 4000

万吨铁矿储量，平均品位 30%。

"8.23"炮战之前，首钢就已着手找矿和开矿工作。1958年 6 月，在冶金工业部和河北省政府支持下，石钢副经理胡兆堃和石钢副总工程师丁书慎带领 108 名干部开赴滦县司家营，从周边七个县招募了两千多名工人，拉开了大打矿山之仗的序幕。由于司家营铁矿地表厚、矿石埋藏深，矿床与滦河水脉相连导致地下水位高，加上当时技术条件的限制，开采难度大，成本高，开矿工程半路搁浅。

"台海危机"促使首钢加快了建设铁矿基地的步伐。1959年 4 月，首钢地质勘探队在迁安大石河发现储量丰富的磁铁矿山。同年 7 月，首钢成立迁安铁矿公司，在大石河荒山野岭之间打响了开发矿山的战役，建设大军用了半年时间，炸掉了十几座山头，填平了 20 多条沟谷，挖运土石方 300 万立方米，修筑了 37 座桥涵，开通了从京山线阜家店车站到大石河矿的 35 公里铁路；用 100 天时间建成了面积 3 平方公里、容积 3600 万立方米的尾矿库，用 8 个月时间建成了拥有破碎、选矿、尾矿完整工序的两个选矿系列。

1960 年 9 月 10 日，龙山脚下满载精矿粉的列车一声长鸣，结束了首钢有铁无矿的历史，当年生产铁精粉 6395 吨。首钢迁安大石河铁矿从破土动工到建成投产，仅用了 18 个月。1963 年，首钢迁安大石河铁矿选矿厂第三个选矿系列建成投产，形成年处理铁矿石 180 万吨的能力；1965 年开采铁矿石 158.7 万吨，生产铁精粉 53.9 万吨，首钢铁矿石自给率达到 30%。1966 年 3 月 26 日，首钢在迁安矿区召开誓师大会，打响了建设水厂铁矿的大会战。"文革"开始后，水厂铁矿工程被迫下马。1969 年初，国家决定继续建设首钢水厂铁矿工程，同年 2 月 11 日开工。

水厂铁矿会战受到周恩来总理的亲切关怀。1970 年 6 月 8 日，周总理在接见全国重点钢铁企业座谈会全体代表时，详细询问了首钢矿山建设情况，指示说，迁安的铁矿要加紧进行，要与河北省合作修建一条北京到迁安矿区的铁路，所需钢轨可与鞍钢、武钢协作，采取超产办法解决。在周总理关怀下，1975 年 12 月 12 日，为首钢运输铁精粉的北京通县至河北唐山坨子头铁路建成通车。

1971 年 10 月，水厂铁矿 8 个选矿系列全部建成投产。到 1979 年，首钢迁安矿区共有 22 个选矿系列建成投产，全年开采矿石 1124.7 万吨，生产铁精粉 321.2 万吨，品位达到 67.74%，跃居全国黑色冶金矿山前列。至此，首钢不但实现了矿石自给，还开始支援国内兄弟企业。

改革开放以后，首钢迁安矿区的发展遇到了许多新情况和新问题。一是资源逐渐枯竭，二是地方采矿业的快速发展。

1984 年 8 月 24 日，中共中央总书记胡耀邦来到迁安县考察，留下了"解放思想、提前致富"的题词，要求迁安解放思想，提前致富，有水快流。提出迁安地区的铁矿资源可以采取"群采"的方式进行开发，各种小型矿床都要放手让群众开采。"群采"使迁安从 20 世纪 80 年代河北省贫困县的第 127 位，上升到河北省第一富县，"群采"也严重破坏了环境和生态平衡，限制了首钢迁安矿区的发展。

据 1999 年的统计数据显示，1959 年投产的大石河铁矿地质储量 1.8 亿吨，经过 40 年的开采，原来的 8 个采区只剩下 3 个，地质储量仅有 700 万吨。号称"亚洲露天铁矿之最"的水厂铁矿，当初国家圈定的可采矿量是 5.96 亿吨，30 年来累计采矿 2.66 亿吨，余下的 3.30 亿吨储量只能采到 2029 年。

1959 年~1999 年 40 年间，首钢在国家圈定的可开采矿量

7.74 亿吨的百里矿区，为共和国开采了 4 亿吨铁矿石。这些铁矿石经过加工，又生产出 1.12 亿吨精矿粉、3037 万吨烧结矿、578 万吨氧化球。1.12 亿吨精矿粉可以冶炼出 7950 万吨铁，相当于 1992 年全国生铁总产量。

首钢 40 年采剥的矿岩 15.65 亿吨，如果垒成一条宽、高各一米的石坝，可以绵延 56 万公里，相当于沿着赤道环绕地球 14 圈。

世界上炼钢最快的转炉

1856 年，英国发明家贝塞麦在伦敦的工厂里建了一座固定式熔炉，用 6 个风口从底部送风，一次可以冶炼 350 公斤铸铁。接着他又设计制造了一座能够倾斜的转炉。这项技术只要 10 分钟就可以把 10 吨左右的铁水炼成熟铁或钢，而采用搅拌法炼钢则需要几天，采用木炭炉炼钢则需要几个月，转炉炼钢的高效率轰动了世界。

经过百年探索，1952 年，奥地利发明了氧气顶吹转炉，在林茨和多纳维茨的工厂投入生产。氧气顶吹转炉解决了钢中氮和其他有害杂质的含量问题，使质量接近平炉钢，同时减少了随废气（当用普通空气吹炼时，空气含 79 % 无用的氮）损失的热量，可以吹炼温度较低的平炉生铁，因而节省了高炉的焦炭耗量，且能使用更多的废钢。由于转炉炼钢速度快（炼一炉钢约 10 分钟，而平炉则需 7 小时），负能炼钢，节约能源，故转炉炼钢成为当代炼钢的主流。1951 年 11 月，我国唐山钢厂（今唐山钢铁集团有限责任公司——作者注）在国内首次试验成功空气侧吹碱性转炉炼钢技术，成为中国钢铁工业发展史上的一大创举。这项重大炼钢革新技术成果，得到国家重工业部的充分肯定和高度重视，并迅速在全国冶金行业推广。

1955 年，苏联科学院院长巴尔金访问我国，建议中国发展氧气顶吹转炉炼钢技术。1956 年 4 月，钢铁工业综合研究院（今钢铁研究总院——作者注）和中国科学院化工冶金研究所先后开始试验氧气顶吹转炉炼钢法。是年秋天，石景山钢铁厂

◆ 首钢第一炼钢厂的炼钢工正在取钢水检验质量

副厂长安朝俊作为中国冶金代表团成员访问苏联，实地考察了苏联氧气顶吹转炉试验情况。回国后组织技术人员着手进行研究，同时派人到唐山钢厂学习转炉炼钢技术。1958 年，唐山钢厂派出由炼钢炉长、值班长、浇钢工和底板工组成的五人转炉炼钢技术小组支援石景山钢铁厂。同年 8 月 23 日，石钢党委决定上马空气侧吹碱性小转炉。9 月 7 日，石钢人奋战 14 天，在一片玉米地上建成了年产 10 万吨的转炉炼钢车间，这座红砖结构的炼钢厂房标高 7.2 米，跨距 15~16 米，装备一台 5 吨单钩桥式吊车和一台 3 吨倒链吊车，风机是日本 1943 年的产品。在干部职工的欢呼声中，炽热的铁水兑进首钢第一座 3 吨侧吹小转炉，送风、摇炉、开吹，每一道工序几乎都是人工操

作，由于部分设备不具备炼钢条件，冶炼过程中出现了风压低、温度低等问题，技术人员采取了加调温剂等措施保持了生产稳定。9月8日凌晨2时许，炼钢车间红光闪烁，映红了人们的笑脸，首钢历史上第一炉钢水冶炼成功，浇铸出合格钢锭。

"空气侧吹碱性转炉炼钢法"存在着钢水质量低、劳动强度大等缺点，1960年，国家决定在首钢上马30吨氧气顶吹转炉炼钢厂，由北京黑色冶金设计院（今北京钢铁设计研究总院——作者注）担任设计，1961年建成厂房和1座转炉基础后，因资金短缺而停建。但首钢并未停止氧气顶吹转炉研究工作，安朝俊组织技术人员和工人，把一座侧吹小转炉改造成氧气顶吹转炉。吹氧管是顶吹转炉炼钢技术的关键设备，首钢技术人员在一无技术资料、二无成功经验借鉴的条件下开始了艰难的试制，攻克了焊接关，试制成功第一支喷氧枪后，对转炉结构和喷吹工艺进行了完善。1962年11月4日，首钢氧气顶吹小转炉试验成功，从而积累了建设和生产经验。 1963年，国家科委拨出专款恢复首钢30吨氧气顶吹转炉炼钢厂建设，冶金部副部长王玉清多次亲临现场进行指导。

首钢在建设30吨氧气顶吹转炉过程中，虽然有氧气顶吹小转炉的经验，但还是遇到了一些问题。工程竣工后，30吨转炉试车时出现了不能转动的故障。安朝俊在现场主持分析研究，工人师傅认为，转炉不转的原因是蜗轮、蜗杆表面油膜覆盖不完全，影响了润滑效果，引起发热造成的，应当对蜗轮、蜗杆进行刮磨。安朝俊采纳了这一建议，很快排除了故障。

1964年12月24日，30吨氧气顶吹转炉成功地炼出第一炉钢水，中国第一座氧气顶吹转炉炼钢厂在首钢诞生了。从此，全国各地新建的炼钢厂，大都采用了这一新工艺。

拥有三座 30 吨氧气顶吹转炉的首钢第一炼钢厂，设计能力年产钢 60 万吨，1970 年产钢 80.6 万吨，1972 年突破百万吨大关，产量达到 113 万吨。改革开放以后，该厂进行了减薄转炉衬砖厚度、扩大转炉炉壳等一系列技术改造，自主创新炼钢顶底复合吹炼新工艺，通过科学管理，用 60 年代的装备创造出了令世界钢铁同行瞩目的奇迹。当时，美国、苏联和联邦德国同类型转炉利用系数都保持在 20~30 吨/公称吨·昼夜，日本新日铁公司在 1985 年创造的转炉利用系数新纪录也只有 51.85 吨/公称吨·昼夜，而首钢第一炼钢厂转炉利用系数从 1978 年的 40.84 吨/公称吨·昼夜，攀升到 1987 年的 67.66 吨/公称吨·昼夜，跃居世界领先水平。转炉钢产量平均每年递增 20 万吨，1987 年达到 222.26 万吨，为设计能力的 3.7 倍。

首钢第一炼钢厂在钢产量不断翻番的同时，品种质量也不断提高。从投产初期只能炼几个钢种，扩展到 100 多个钢种，焊条钢、螺纹钢、低合金钢、矿用钢被冶金工业部评为优质产品，主要技术经济指标在全国遥遥领先。日本冶金专家考察团到首钢参观后，对第一炼钢厂的成就钦佩不已，把 30 吨转炉比喻为 "小辣椒"，称赞它是 "世界上炼钢最快的转炉"。苏联部长会议第一副主席、50 年代援华专家总负责人阿尔希波夫当年曾多次到首钢视察，1986 年，这位中国人民的老朋友再次来首钢参观时，以为钢产量逐年递增的首钢采用了 300 吨大型转炉进行生产，得知还是原来的 30 吨转炉时，连连称赞说："真是奇迹！"

2003 年 2 月 20 日零时，为了保护首都环境和把第 29 届北京奥运会办成 "绿色奥运"，首钢第一炼钢厂熄灭了燃烧了 40 年的炉火，宣告全面停产。3 座转炉累计为共和国生产了 4839.8 万吨钢。

比利时钢厂大拆迁

1985年1月18日，首钢总工程师高伯聪与比利时考克里尔公司代表在欧洲之都布鲁塞尔签署了购买赛兰钢厂和瓦尔费尔线材厂的合同文本。这是我国改革开放以来国有企业在海外实施的第一例冶金工厂收购案。瓦尔费尔线材厂1980年投产，年产线材115万吨。主要设备有加热炉、摩根式轧机、卸卷机、水处理设施和钢结构厂房等，离岸价格1700万美元。赛兰钢厂1965年投产，1982年进行更新改造，年产钢300万吨。主要设备有2座210吨转炉，2座2000吨混铁炉，11台350吨吊车，360台电动机，加上钢结构厂房，售价1250万美元。按照合同规定，首钢将派遣300人的施工队伍赴比利时，将赛兰钢厂进行解体，化整为零后装船运回中国。

比利时赛兰钢厂占地面积27.2万平方米，机电设备和钢结构厂房总重量5万吨，由2亿8000万个大小零件组成，按照技术要求，拆迁工程必须保证设备完好无损，不能遗落任何部件，否则少一枚螺丝钉也会影响重新组装。

把这样一座庞大的钢厂拆卸解体，从大西洋东岸的比利时万里迢迢运回中国，这是中国历史上前所未有的创举，在全世界也没有先例。

1885 年，法国政府为祝贺美国独立 100 周年，制作了一尊自由女神塑像作为国礼赠给美国政府。这尊塑像通高 46 米，重达 225 吨，以钢结构为骨架，"皮肤"和"服饰"用铜板拼焊而成。为了便于运输，法国人把女神塑像拆分成 200 多个部件，装进木箱再用船运往美国。第二年，自由女神像屹立在美国纽约哈德逊河口，这座巨大的雕塑不但成为美利坚的标志，也成就了世界运输史上的一次壮举。而时隔 100 年后，首钢要拆迁的比利时赛兰钢厂总重量相当于 280 个自由女神塑像，其中最大超长件 36.7 米，最大超高件 10.74 米，最大超宽件 8.24 米，最大超重件 270 吨。重量超过 100 吨的部件有 70 多个，"四超"型大件 89 个，自由女神像与之相比，可谓是小巫见大巫。

赛兰钢厂拆迁工程吸引了全世界的目光，如何把赛兰钢厂从欧洲大陆万无一失地拆运到中国大陆，在考验着首钢人的胆识和智慧。1985 年 9 月 2 日，首钢施工队伍抵达比利时王国列日市。9 月 9 日，赛兰钢厂拆迁工程拉开大幕。该项工程原定工期为一年半，首钢工程技术人员克服了在异国施工遇到的各种困难，仅用了 7 个月零 22 天，就将赛兰钢厂设备和厂房结构全部落地。1986 年 4 月 29 日，随着赛兰钢厂最后一根钢柱轰然倒下，这座长 250 米、宽 140 米、高 70 多米的钢铁建筑，在比利时王国的版图上消失了。"首钢速度"轰动了比利时。曾任比利时副总理的赛兰市市长感慨地说："你们的国家是伟大的国家，中国工人了不起。"当地媒体热情地评论道："中国人在比利时获得了极大的信任，神速降伏了比利时人，中国工人工作的如此神速，实为罕见，不知注入了什么伟大的灵魂。"

地处欧洲中心的比利时，同时也是欧洲的物流中心，虽然拥有四通八达的公路、铁路和海运、空运系统，但是要把赛兰钢厂从列日市运到安特卫普港，有两道难关横在首钢工程技术人员面前。由于赛兰钢厂超宽、超高、超长、超重的"四超"型大件难以通过铁路和公路进行运输，只能采用水路运输方案。这需要先将赛兰钢厂的设备和构件用平板拖车运到默兹河码头，再装船运往安特卫普港。陆路运输必须经过赛兰钢厂工业区的一条皮带通廊，这条通廊下面的空间宽度和高度只有6米，而赛兰钢厂体积最大的转炉直径8.16米，高10.74米，转炉托圈直径10米，显然难以通过。该通廊是炼铁高炉原料供应系统，钢铁生产的连续性决定了它不可能停产改造。首钢工程技术人员经过现场勘察，决定采用空中吊运法，用一台起重能力为500吨的汽车吊把转炉、托圈分别从皮带通廊上空吊到对面的拖车上，攻克了第一关。

◆1986年8月20日，赛兰钢厂转炉进入北京，受到市民夹道欢迎

集装箱船从欧洲第二大河港列日港启航，14个小时便可

到达比利时的出海口安特卫普港。但是，架设在默兹河上空的一座座公路桥和铁路桥成为运输赛兰钢厂"四超"型大件的拦路虎。首钢工程技术人员沿着默兹河实地测量后，发现有几座桥梁高度有限，装载大件的货船无法通过。他们绞尽脑汁寻找对策，几种方案接连被否决后，首钢工程技术人员从中国古代"曹冲称象"的故事里得到启发，决定采取"驳船沉浮法"运输大件。他们遍访比利时港口码头，找到了一种适合运输大件的驳船。这种船的船舱是全封闭的，当船驶到桥洞时，向舱里注水，使船身下沉，过桥后再将水排出，驳船浮出水面后继续前行，终于把赛兰钢厂大件设备平安运到了安特卫普港。

1986 年 5 月 23 日，装载着赛兰钢厂转炉、托圈、天车梁等几乎所有"四超"型大件的 45000 吨散装货轮"摩士曼星"号，从比利时安特卫普港启航，穿过东西伯利亚海、白令海峡，进入浩瀚的太平洋，经过 51 个昼夜的漫长航行后，7 月 12 日在中国渤海湾大沽口锚地抛下锚链。早在"摩士曼星"启碇出海前，它的船东比利时普沃路公司，就详细查询了天津港的卸货能力、接运能力、码头承重力和港口劳动组织情况。

天津港位于渤海湾西端，是中国首都北京的海上门户，也是距离首钢最近的海港。港口地质构造主要由人工吹填的冲填土、海相沉积的淤泥和河口三角洲相沉积的粉土构成，建在这种地质上的码头，每平方米承重能力为 3~5 吨，无法承受 65 吨以上、体积相对集中的货物。即使码头表面采取加固措施，也难以接卸赛兰钢厂大件设备。赛兰钢厂最重的天车梁为 270 吨，而天津港的最大吊车起重能力只有 200 吨，"摩士曼星"号自备吊车也只能吊卸 80 吨重货物。尽管如此，该船船长耸着肩膀摊开双手遗憾地向首钢货主通报：自备吊车发生故障无法使用。

按照国际海运惯例和赛兰钢厂设备运输协议，"摩士曼星"号货轮在卸货期内提前卸完离港，每提前一天将由船东向货主支付 75000 美元速遣费；若超过卸船期限，货主向船东交纳的滞期费则是速遣费的一倍。显然，在"摩士曼星"船东眼里，以天津港的现状和条件，根本无法接卸赛兰钢厂大件设备。拿到一笔数目可观的滞期费，他们认为胜券在握。

面对看似不能逾越的障碍，首钢驻港接运人员早在一个月前就开始了攻关工作。在天津港务局的协助下，他们经过广泛查询和调研，了解到渤海石油公司有一台日本制造的 900 吨浮吊，于是向石油部求援，得到了热情支持。卸船问题虽然解决了，但是赛兰钢厂大件设备如何落地始终没有稳妥的办法。正在首钢接运人员一筹莫展的时候，《天津日报》一则新闻令他们茅塞顿开：香港航运界一位资深人士建议天津港建造浮码头，以扩大港口吞吐能力。浮码头是漂浮在海面的卸货平台，这种码头承重能力大，可以像船一样移动。首钢接运人员不约而同地想到了用来驳运货物的驳船，这种船吃水浅、负荷大，用它代替浮码头承接大件设备，再倒运到坚实的海岸上，天津港码头承重能力不足的矛盾不就解决了！经过缜密的计算，首钢人提交的《1500 吨甲板驳船装载大件转炉炉壳、托圈的稳性校核报告》，得到天津港务局批准。

1986 年 7 月 15 日，我国当时最大的一台 900 吨浮吊，接到石油部命令后，连夜航行 19 小时从大连湾驶入天津港。与此同时，1500 吨甲板驳船进港待命。当天下午，天津港务局向"摩士曼星"发出了进港卸货的指令。7 月 17 日，"摩士曼星"号在中国引水员的引领下，乘着大潮驶入天津港第五作业区 16 段码头……一切都在按照首钢人预定的方案进行着。比利时赛兰钢厂的大转炉、大托圈、大天车梁被 900 吨浮吊轻轻抓起，缓缓放在 1500 吨驳船甲板上，又稳稳落在停在海岸上的大型平板运输车上。7 月 28 日，在首钢设备处驻港接运组和天津港的通力合作下，"摩士曼星"上的最后一件设备安全落地。这一天，是 15 天卸船期限的第 12 天，按照合同规定，比利时普沃路公司需要向首钢支付 22.5 万美元速遣费。

赛兰钢厂搬进中国国门，只是万里长征走完了一半。把它从天津港运到 245 公里外的首钢，其艰难险阻远远超过比利时国内运输和天津港口卸船。

负责赛兰钢厂国内接运的首钢设备处接运人员，对天津港至北京石景山的道路作了全面勘测，结果令人望而却步。阻拦大件设备运输的障碍有：10 万千伏至 35 万千伏高压线路 285 条，通讯载波电话电缆线路 289 条，桥梁 12 座，需要修补加固的路段累计 9.6 公里，需要砍伐的树木 30000 株，245 公里长的运输线，平均间隔 7.1 米就有一处障碍。电网、通讯、桥梁、公路、树木，关系着北京、天津、河北省部分区县的工农业生产和人民生活，乃至环境保护。处理这些路障需要与公路、铁路、市政、桥梁、交通、公安、电力、邮政、园林等几十个部门沟通和协商，要把赛兰钢厂顺利运到首钢，其情况之纷繁复杂、工作难度之大远远超过预想。

京、津、冀地区分别向首钢报出路障处理费用预算：北京 1500 万元，天津 763 万元，廊坊 10 万元。总计 2273 万元的路障处理费，相当于首钢 1986 年 11.21 亿元利润总额的 2%。首钢接运人员为了节省开支，在一个多月的时间里，实地勘察 102 次，召开各种协商会议 268 次，拜访京津冀县区局单位 75 家，签订路障处理协议书 82 件。他们坚持实事求是，反复测算，硬是把路障处理预算砍掉了五分之二，将运输赛兰钢厂大件设备路障处理总预算控制在 1245 万元以内。

赛兰钢厂设备接运工作，受到了党中央、国务院和地方政府的亲切关怀。时任国务院副总理李鹏，作出了"精心组织，万无一失，完整无缺"的重要指示。有了从中央到地方的支持，大件运输线上的障碍被一个个地排除了，运输大件的交通工具又列上日程。运输"四超"大件，车辆自身的宽度和高度至为关键。宽度不够，稳定性差，转弯时形成的倾覆力矩加大，威胁行车安全。车身过高，货物会水涨船高，在高压线路、桥涵等环境中行驶，即使只超过限度一厘米，也会给运输造成巨大的危险和困难。根据赛兰钢厂大件设备的尺寸和重量参数，首钢对国内可选用的大型运输车辆进行了比较，最后决定采用武汉运输分公司的425吨大型拖车运输转炉。武汉运输分公司这台三纵列拼合式拖车，是当时我国载重能力最大、也是惟一一台特大型公路运输工具。车身宽度为5.79米，平台高度1.08米，转炉装车后高度虽然达到9.34米，但其高宽比可降至1.60，运行中能提高抗倾覆力矩50吨·米，使稳定性和行车安全得到了保证。

正当赛兰钢厂国内接运工作准备就绪的时候，新的问题又出现了。由于国内接运准备工作先于设备到港之前，北京桥梁所按照赛兰钢厂拆迁工程指挥部提供的转炉重量数据，相应加固改造了桥梁。然而转炉到港后，浮吊测出的实重却超过了200吨，有关部门要求首钢必须重新加固桥梁，而加固桥梁的工期最快也要45天。首钢工程技术人员对转炉采取了切掉炉壳护板、拆除炉内衬砖的"减肥"措施，使转炉重量降低到193.65吨。

1986年8月5日，国家经委和京津两市有关领导，联合检查了赛兰钢厂大件设备运输全线路段障碍处理工作。8月6日，在天津塘沽召开的赛兰钢厂大件设备运输办公会宣布：我国北方历史上规模最大的公路货运——赛兰钢厂大件设备运输条件成熟。

1986 年 8 月 14 日，赛兰钢厂大件运输车队离开天津港，向北京进发。开道车警灯闪闪，标杆车红旗猎猎，拥有 120 个

◆ 1987 年 8 月 6 日，被首钢赋予了新生命的赛兰钢厂，以"第二炼钢厂"的崭新面貌建成投产

车轮的"巨无霸"拖车载着三层楼高的转炉，像一座钢山。14 辆大型平板拖车分别装着 15 件总重 1200 吨"四超"设备，近百台各种工程服务车辆和五百人组成的护送队伍，浩浩荡荡，宛如一条钢铁长龙。车队走到哪里，哪里就变成了沸腾的海洋。沿途群众自发地组成了夹道欢迎的队伍，人们从悬挂在转炉上的"打水平，创奇迹，争先进，攀高峰"的标语上，看到了首钢人敢为天下先的英雄气概。

1986 年 8 月 20 日清晨，赛兰钢厂设备经过两万公里的长途跋涉，以环绕地球半圈的行程，经过累计两个月的水陆舟车

接力运输，终于到达了它的最后归宿——北京西郊石景山下的十里钢城。

1987年8月6日，被首钢赋予了新生命的赛兰钢厂，以"第二炼钢厂"的崭新面貌建成投产。1992年5月22日，邓小平视察了这座钢厂，认为首钢通过引进国外二手设备加快发展我国钢铁工业的做法"是一条捷路"。第二炼钢厂一直服役到2010年12月20日首钢北京地区钢铁业全面停产，23年来总共为国家生产了8300多万吨钢。赛兰钢厂大拆迁对中国钢铁工业产生的影响，已经远远超过了它所创造的价值。

首钢船队远航五大洲

进入 21 世纪，中国钢产量的急剧增长，导致国际市场铁矿石价格暴涨，同时也使国际海运费不断攀升。由于巴西淡水河谷公司同澳大利亚的哈默斯利公司、必和必拓公司控制着全球 80% 的铁矿石资源，铁矿石价格长久以来形成了国际谈判的惯例。一般是每一国的最大钢铁企业代表该国钢铁业进行谈判，形成该国进口铁矿石的基准价，中国则由宝钢出面谈判。2007 年，世界矿业巨头在连续两年操控铁矿石价格大涨之后，又玩出了新花样：澳大利亚铁矿商提出，希望以到岸价格对 2008 年的铁矿石进行交易。这就意味着我国钢铁企业还要遭受高额海运费的盘剥。因为以往所有的谈判结果都是铁矿石的离岸价，海运费则由钢铁企业同海运企业另行商定。

中国钢铁企业的生存受到了严重威胁。2007 年 10 月 16 日，巴西到中国港口的运价已经达到 88.292 美元/吨，从西澳到中国港口的运价也要 38.114 美元/吨。10 月 31 日，中国钢铁工业协会指出，铁矿石运输关系着中国钢铁工业的安全，必须尽快提高我国海运能力。进入 2008 年，巴西到中国航线的海运费暴涨到 100 美元/吨，创下了有史以来的天价。

相对于海运费的水涨船高，我国的海运实力却相当尴尬。

长期以来，国际铁矿石的海上运输一直由日本、欧洲的海运公司控制。全球铁矿石的运输船共有 724 条，而中国只有 30 条，与铁矿石第一进口大国的地位相差悬殊。面对这种境况，中国钢铁协会提请国家有关部门给予政策支持，建议吸引国际更多海外海运企业投资中国，鼓励我国钢铁企业和海运企业联合建造铁矿石运输船，扩大海运能力，提高自己控制运力占总需求运力的比重。

其实，早在 20 世纪 80 年代，首钢就创办了中国钢铁业第一支远洋船队。1985 年 1 月 18 日，首钢购买了比利时考克里尔公司的瓦尔费尔线材厂和赛兰钢厂，为降低这两座工厂设备的海运费用，并着眼于长远发展战略，首钢决定组建自己的远洋船队。1985 年 2 月 1 日，首钢与香港亨达船务有限公司举行合资经营中国爱思济船务有限公司（对内简称首钢船务公司——作者注）签字仪式，该公司总投资 400 万美元，其中首钢投资 105 万美元，从英国购买了三艘载重量各为 1.77 万吨的远洋货轮，分别命名为"钢城"、"新基"和"飞腾"。不久又相继购买了"金乡"、"金田"、"金路"三艘万吨货轮。在船队的管理上，首钢采取了船长、轮机长、驾驶员（大副、二副、三副）、轮机员（大管轮、二管轮、三管轮）等高级船员向国内远洋运输公司聘请，水手长、水手、机工、厨师等普通船员从首钢内部选拔再送海运学院培训的方式，同时面向社会招贤纳士，组建了一支思想作风过硬、技术业务精湛的管理队伍。

当时，世界航运业正处于萧条时期，首钢自己组建远洋船队，等于是在本来就不景气的国内航运市场分一杯羹。首钢船队这条不安分的"泥鳅"在激活了"黄鳝"的同时，也遭到了"黄鳝"围追堵截。直到 1985 年 6 月 17 日，成立五个月的首钢船务公司营业执照才通过审批。1985年10月19日，满载矿山二手设备的"飞腾"号从美国到达秦皇岛港，有关部门却不准靠岸，在泊位等待了35天，造成直接损失7万美元。1985年12月24日，"钢城"号满载比利时赛兰钢厂设备和6800吨钢材抵达秦皇岛港时，又被拒绝进港50天之久。被迫转至天津港后，一直等到3月1日才允许靠港卸货，前后停泊长达80天。有关部门给首钢的批文规定：只准运首钢自己的货和第三国货物，不准运输中国进出口公司的货。首钢顶住压力，果断向国际航运市场进军。一是从1986年7月开始，采取国际通用的租船方法，租用外国公司的营业执照和船舶扩大运货范围；二是从1987年5月开始，在国外设立船舶业务代理，进一步扩大营业范围；三是引进外资创办中外合资的子公司，改善经营环境。在当时国际航运公司不断倒闭的情况下，首钢航运公司成立三年便创汇132万美元。航线遍及世界71个国家和地区、120个港口，承运国内外货物18万吨、54万立方米，子公司发展到6家。

1991年1月，中国爱思济船务有限公司以410万美元购买载重量1.5万吨的"达亚陆克"号远洋货船，10月又以432.5万美元购买载重量1.5万吨的"依普·艾吉斯蒙"号杂货船，使首钢远洋船队船舶数量上升到8条，运力突破10万载重吨。

1993年7月，为解决进口铁矿石的接卸问题，首钢决定建立自己的铁矿石码头。在选中的三处可停泊30万吨级船舶的港址中，位于河北唐山滦南县南堡镇沿海的曹妃甸条件最为理想，此地距北京200多公里，属于海中之岛，滩前水位深、滩后面积大，经过填海造地，可以和陆地相连。首钢取曹妃甸属地南堡镇谐音定名为"兰宝港"，开始进行建港筹备工作。1994年7月，首钢与交通部第一、三航务工程勘探设计院等单位共同编制出曹妃甸开发史上第一个可行性报告《首钢兰宝港填海建港工程可行性研究报告》，对建设兰宝港的必要性、可能性、工程方案投资预算经济评价进行全面论证。兰宝港开发

◆ 在秦皇岛锚地等待进港的"钢城"号货轮

计划分为两个步骤，第一步建设矿石码头，第二步建设成为集钢铁、电子、汽车、造船基地为一体的北方大港。后来由于种种原因，兰宝港建设最终搁浅，首钢在曹妃甸播下的种子，直到二十多年之后才结出了果实。

1995 年至 1996 年间，首钢向日本、韩国订购了 9 条载重量 17 万吨至 21 万吨级的散装货船，其中由日本佐世保重工株式会社制造的新"钢城"轮于 1996 年 3 月 28 日下水，该船最大载重量 18 万吨，货舱容积 20 万立方米，总长 290 米，吃水 18.3 米。佐世保船厂制造的另一艘"华夏"轮于 1996 年 5 月 31 日下水，该船载重 18 万吨，总长 230 米、型宽 46 米、高 25 米、吃水 18.3 米。就在"华夏"轮下水的当天，"钢城"轮满载秘鲁铁矿石横越太平洋，抵达宁波北仑港，成功地完成了首次航行。

1998 年 4 月 24 日　首钢控股（香港）有限公司及下属的

首长国际企业有限公司与英国铁航公司合资成立"联合散货运输有限公司（简称 ABC 公司)"。在 ABC 公司，英国铁航公司占 50%普通股权益，首钢控股（香港）有限公司和首长国际企业有限公司分别持有 25%的普通股权益。ABC 公司成立后，资产达到 6.33 亿美元，注册资本 1.53 亿美元，拥有 26 条 11~21 万吨级散装货船，其中有首钢 9 条 17~21 万吨级散装货船，总载重吨位 420 万吨，平均船龄 3 年，是当时全球吨位最大、船龄最短、现代化程度最高的船队之一。公司总部设在香港，并分别在纽约、北京和东京设有联络处。1998 年 7 月 7 日正式开始营运，主要从秘鲁、南非、澳洲向我国运输进口矿石。

创办中国第一家工业企业银行

1992 年 12 月 22 日，首钢厂东门广场上彩旗飞舞，鼓乐喧天。广场南侧，坐落着正在举行开业典礼的中国第一家由工业企业开办的全国性商业银行——华夏银行。在宏伟的炼钢厂房衬托下，这幢绿色琉璃瓦顶、灰色大理石墙壁的三层小楼，作为中国金融体制改革的新亮点，吸引了全世界的目光，受到中国党政领导人的关注。国务院总理李鹏的题词是："办好华夏银行，搞活资金流通"；中央政治局常委、中央书记处书记乔石的题词是："走自己的路，建设有中国特色的社会主义"；中央政治局委员、国务院副总理田纪云的题词是："融通资金，发展经济"；中央政治局委员、国务院副总理兼国家计划委员会主任邹家华的题词是："走改革开放之路，为搞活全民大中型企业多做贡献"；国务委员兼中国人民银行行长李贵鲜的题词是："坚持改革开放，发展金融事业，支持国民经济更快发展"；新中国第一任财政部部长、老一辈革命家薄一波也提出了"改革金融体制，促进经济发展"的期望。美、英、法、日、荷兰、香港等国家和地区以及国内近百家金融机构也以花篮、函电等方式向首钢表示祝贺。香港长江实业集团有限公司董事长李嘉诚先生发来贺电。这天，李鹏总理又专程来到首钢，为华夏银行开业典礼剪彩。

新中国成立到改革开放前的三十年间，中国的金融体系基本上是一个高度集中的计划金融体系，最基本的特征是"大一统"的银行制度。也即中国人民银行自 1948 年 12 月成立之后，其作为政府的"司库"，是全国的信贷中心、结算中心、货币发行中心，为国家"守计划，把口子"；既行使中央银行职能，又办理所有具体银行业务；既是金融行政管理机关，又是经营金融业务的经济实体。尽管当时对外还存在着中国银行、中国人民保险公司，但主要是由于海外业务的需要，而在内部组织体制上仅仅属于中国人民银行内部的一个部门。这一时期，中国人民银行既作为中央银行又作为商业银行，掌握了金融资产总额的 93%，并且，城镇居民所持有现金和国有企业单位所掌握的信贷都存入其中，国有部门之间的支付也通过它来清算。

中共十一届三中全会以后，我国金融体制改革的大幕徐徐拉开。1979 年，邓小平提出："必须把银行真正办成银行。"在这一历史背景下，我国开始了恢复金融、重构金融组织体系的工作。1978 年 1 月，中国人民银行正式从财政部的依附地位独立出来，并升格为部级单位。各省、自治区和直辖市以下的银行机构也在当年完成了同财政部门的分设工作，恢复了中国人民银行自上而下的垂直领导。1979 年 3 月，恢复了中国农业银行，隶属国务院；同期将中国银行从中国人民银行分离出来，同样隶属国务院。1979 年 8 月，国务院决定将中国人民建设银行改为直属机构；1984 年 1 月 1 日成立中国工商银行。从此计划经济下"大一统"的银行体系被以中央银行领导和四大专业银行配套为主的二元银行体系取代。1984 年 10 月，党的十二届三中全会作出了《中共中央关于经济体制改革的决定》，为了发展"有计划的商品经济"，我国银行体系开始由专业化经营向企业化经营转变。1987年，中国人民银行提出要建立以中央银行为领导，各类银行为主体，多种金融机构并存和分工协作的社会主义金融体系。在1987年党的十三大和1992年党的十四大精神指引下，我国银行业在改革中不断扩大发展。自1986年7月交通银行重组成立了以公有制为主的股份制全国性综合性银行之后，相继成立了中信实业银行、招商银行、深圳发展银行、烟台住房储蓄银行、蚌埠住房储蓄银行、福建兴业银行、广东发展银行、中国光大银行、上海浦东发展银行、海南发展银行、民生银行等12家股份制银行，华夏银行就是在这个历史背景下应运而生的。

首钢作为全国最早进行改革试点的国有企业，经过十几年的发展，已成为跨行业、跨地区、跨所有制、跨国经营的特大型企业，内部资金流通和对外资金融通业务急剧增加，成立银行参与资金经营已成为首钢进一步改革与发展的迫切需要。1992年5月22日，邓小平视察了首钢，这之后国务院不仅赋予首钢更大的投资立项权和外贸自主权，而且还给予首钢资金融通权，批准首钢建立自己的银行，按照国际惯例经营金融业务。

华夏银行是首钢总公司兴办的全民所有制金融企业，行政上归首钢领导，业务上接受中国人民银行指导和检查，具有独立法人资格，注册资金10亿元。华夏银行业务范围有本外币存款、贷款及储蓄；本外币票据承兑、贴现；国内国际结算、汇兑；银行间资金融通拆借；外币兑换和外币买卖；国内国际金融租赁、信托；发行和代理发行有价证券；经济担保；信用见证；资信调查；经济咨询等。为了保证家庭中贵重金属和有价证券的安全，还开展了代保管业务。华夏银行从筹备、报批到开业仅用了 4 个月时间，在中国金融界开创了建行速度最快的纪录。

1992 年 10 月 18 日，华夏银行储蓄所开始营业，当天就开户 2396 户，总金额 225.2 万元。1993 年，华夏银行各项业务全面展开。在存款业务上，客户遍及钢铁、有色金属、机械、电子、铁路、电力等各行业，存款总额达 20.18 亿元，其中外币存款达到 7.25 亿美元。银行资产达到 35 亿元，其中外汇资产 15 亿美元。在贷款业务上，华夏银行支持了首钢冷轧厂、第三炼钢厂、矿业公司水厂铁矿等一系列重点工程项目；在信托业务上，本着拾遗补缺、灵活机动的方针，办出了自己的特色；在证券业务上，成功地为首钢代理发行和兑付了 2 亿元短期融资债券，为北京首汽实业股份有限公司代理发行了 800 万股法人股股票；在国际金融业务上，与世界上 166 家银行建立了代理行关系，与 18 家银行有账户往来。华夏银行成立三年，

◆ 1992 年 12 月 22 日，李鹏总理为华夏银行开业剪彩

在北京地区开设了 7 个办事处、2 个证券部、7 个储蓄所和 11 个专柜及代办点，在南京和杭州开设了分行，1995 年底资产总额达到 118 亿元人民币。

1995 年，为适应国家金融体制改革的要求，按照商业银行的经营管理原则，首钢决定并经中国人民银行批准对华夏银行进行改制，成立华夏银行股份有限公司，总股本金 25 亿元。11 月 18 日，华夏银行股份有限公司成立大会暨第一次股东大会在人民大会堂召开。首钢、山东电力工业公司等 43 家股东代表出席会议。首钢持股 5 亿元，为最大股东。大会审议通过了《华夏银行股份公司筹办情况报告》和《华夏银行股份公司章程（草案)》，投票选举了华夏银行股份有限公司首届董事会和首届监事会。首届董事会推举首钢中首公司总经理兼党委书记张燕林为董事长；山东电力局副局长兼党委副书记刘振亚、首钢总公司副总经理李锡奎为副董事长；监事会推举著名经济金融专家许乃炯任监事长；聘请李锡奎为行长。至此，华夏银行从首钢独资经营的商业银行，发展成为由多家企业参股的股份制商业银行。

截至 2009 年 6 月 30 日，华夏银行从开业时的 3 家营业机构、119 名员工，发展到在全国拥有 330 家营业网点、1 万多名员工的股份制上市商业银行。资产总规模达到 8005.3 亿元，跻身全球 1000 家大银行的第 135 位。

"首钢买美国"

在中美两国 200 多年交往史上，中国人有过许多屈辱的记忆。然而，1992 年至 1993 年间，首钢购买美国钢厂并派遣 300 名工程技术人员实施拆迁工程的壮举震撼了整个世界。它是美国 1870 年以来允许中国人进入本土施工的最大工程项目，也是"第三世界"收购"超级大国"前所未有的案例。

1992 年 10 月 30 日，美国洛杉矶。首钢代表同美国加利福尼亚钢工业公司代表，就首钢以 1530 万美元收购该公司第二转炉炼钢厂设备、厂房互换了合同文本。11 月 2 日，首钢在北京举行新闻发布会，宣布于 1993 年 2 月启动美国加州钢厂拆迁工程，届时将派遣首钢海外工程公司 289 名职工登陆美国本土施工。拆迁工程完成后，首钢计划将该厂设备进行改造，设计年产量 450 万吨钢，安装在山东济宁即将开工建设的首钢齐鲁钢铁公司，预计总投资 4 亿美元。

美国钢铁工业从 18 世纪下半叶开始迅速崛起。1890 年，美国钢产量达到 480 万吨，一举超过英国跃居世界首位。从此，美国钢铁工业在世界上一直执掌牛耳。到 20 世纪初，美国钢产量已占全球粗钢产量的 1/3，20 世纪 40~50 年代初，美国钢产量一度超过全球的一半。1953 年，美国钢产量首次突破年产 1 亿吨大关。此后 20 年中，美国钢铁工业仍保持着较强的竞争力。1973 年，美国钢产量达到创历史纪录的 13680 万吨。但是从此时开始，由于生产成本上升较快，设备改造滞后，加之日本、西欧钢铁工业国际竞争力的提升对美国钢铁工业市场空间的挤压，美国钢铁工业开始走下坡路，一些企业破产倒闭，产业竞争优势逐渐丧失，钢铁生产出现停滞和下降的趋势。在 20 世纪 80 年代和 90 年代初期，美国钢铁工业减少了 33 万个工作岗位，生产能力降到了 50% 以下。美国钢铁重镇匹兹堡关闭了大部分钢铁厂，1986 年，美国钢铁公司设在匹兹堡的 Homestead 工厂停产，该工厂的钢产量曾经一度占全美钢铁产量的 1/3。钢铁企业的倒闭造成大量工人失业。据统计，1981~1984 年间，匹兹堡制造业就业岗位净减了 12 万个，占当时制造业总岗位数的 1/2。

加州钢厂位于美国加利福尼亚州方塔那地区，距离美国第三大城市洛杉矶市中心 90 公里。该厂原名为凯撒（Kaiser）钢铁公司。首钢购买的炼钢厂为该公司的 2 号炼钢车间，建于 1974 年，投产于 1978 年 10 月，1984 年停产。年产钢为 255~300 万吨，产品为钢锭和连铸板坯。5 年间共生产 700 万吨钢、245 万吨板坯、440 万吨钢锭。主要装备有：两座 210 吨氧气顶吹转炉，一台年产 65 万吨单流板坯连铸机，14 台重型天车，其中 295 吨吊车 5 台。大型变压器 15 台；大型电机 21 台。钢厂总体技术水平相当于国际上 80 年代初的水平。厂房结构和设备（包括各种专业设备）主要由美国制造厂设计制造，均采用美国标准和英制。厂房为钢结构，主要建筑物有炼钢连铸主厂房、废钢间、散状原料间、二次除尘室、给排水泵站及冷却塔、配变电室、转炉污水处理和连铸水处理系统等设施。炼钢连铸主厂房包括装料跨、转炉跨、连铸跨和铸锭跨，占地面积约 18000 平方米。首钢所出的价格，仅为钢厂原值的 1/10。美国加利福尼亚州是地球上的阳光带，全年日照时间长达 330 天，且西海岸气候干燥，延缓了金属结构厂房的锈蚀，设备虽然闲置了 9 年多，但拂去灰尘，油漆依然鲜亮如新。

◆ 首钢收购的美国加利福尼亚钢工业公司第二转炉炼钢厂

按照合同规定，首钢需要拆卸加州钢厂总重 6.2 万吨的全部厂房结构、机、电、计量设备和工艺管道。并负责包装和美国境内的陆路运输。同时还要凿除 10021 立方米混凝土基础。需要拆除的建筑物有：炼钢主厂房、二次除尘设施、转炉冷却塔、连铸冷却塔、熔剂地下料仓、上料管廊、废钢栈桥、废钢倾卸场、落锤间、平炉车间部分厂房、转炉泥处理设施等，总面积为 36393 平方米。同比利时赛兰钢厂相比，加州钢厂的厂房结构更复杂，超长、超宽、超高、超重设备量更大。钢厂解体后运到 100 公里外的长滩港，要途经 12 个市县、3 条铁路，绕过 9 条高速公路。加上美国法律复杂而完备，对施工中的环保等问题要求苛刻，因此，这项跨国工程备受世界瞩目。

1993 年 1 月 14 日，首钢第一批 71 名工程技术人员飞往大洋彼岸。之后，全部施工人员在 3 月底之前陆续抵达洛杉

◆ 首钢施工人员租住并管理的加州最大的"依柯诺"汽车旅店

矶。首钢作为中国一家国有企业，自己出资购买世界头号强国的工厂并派员实施拆迁工程，这是继 1985 年首钢购买并派员拆迁比利时赛兰钢厂之后的又一创举，海内外媒体纷纷报道了这一消息，发行量 150 万份的美国第三大报纸《洛杉矶时报》和北美地区最大的中文报纸《世界日报》都在头版显要位置刊登了相关新闻。美国方面在加州钢厂制高点安装了定时拍摄的照相设备记录施工全过程；在日本拥有 54 家广播电视台，在世界各地设有 34 个总局和分局，并使用 20 多种语言播音的日本最大广播电视机构 NHK（日本放送协会），派出由北美特别节目制片人富坚隆义、经济情报组导演门贤一、技术制作中心摄影野濑典树组成的采访小组飞赴美国洛杉矶进行全程采访。

作为一衣带水的邻邦，日本对中国的崛起高度关注。NHK 对如何报道加州钢厂拆迁工程进行了精心策划，计划拍摄一部以加州钢厂拆迁工程为主线，反映中国改革开放和首

钢战略扩张的大型电视纪录片《中国的改革和首钢的跃进》。该片完成后，NHK 认为原定的片名主题不突出，于是更名为《首钢买美国》，使其更具视觉冲击力。NHK 采访组为了和首

◆ NHK《首钢买美国》摄制组在施工现场采访

钢工程技术人员建立良好的沟通关系，特意聘请了在纽约工作的中国著名影人白杨的女儿蒋晓真做联络人，聘请在洛杉矶留学的中国著名影人赵丹的次子赵劲当翻译。NHK 采访组三次赴美拍摄，前后历时两个多月，现场采访了首钢海外工程公司总经理、工程师和工人，两次动用直升飞机航拍加州钢厂拆迁工程和满载设备的货轮从长滩港起锚出海的壮观场面，用镜头真实地记录了首钢人在美国工作、生活、娱乐、购物、旅游等情况。

历史常常出现这样的巧合。就在第一批首钢施工人员到达加州钢厂的时候，130 年前的 1 月 8 日，也是在这片土地上，

横贯美国大陆的太平洋铁路西端工程，在加州首府萨克拉门托两条街道的相交处破土动工。从 1865 年到 1869 年四年间，约有 16000 多名华工参加筑路工程，占工人总数的 90%，他们拿的是最低的薪金，干的是最累、最脏、最危险的工作。铁路在进入内华达山脉后，恶劣的环境使大部分美国工人退缩，只有中国工人凭着坚忍不拔的精神，在坚硬的大理石岩中开凿隧道和路基。这期间，大约有 1200 名华工，因爆破、雪崩、泥石流和肺炎，把生命留在了这条铁路线上。

130 年后的今天，崛起的中国，腾飞的首钢，在加州这片流淌过华工血泪的土地上找回了中国人的尊严。首钢在洛杉矶租下了南加州规模最大的"依柯诺"汽车旅店，该旅店位于圣博纳迪诺县 215 号高速公路和 10 号高速公路交会点，拥有 150 个标准客房，配套酒吧、餐厅、厨房、会议室、办公室等附属设施，为黄墙红瓦庭院式两层楼房建筑，庭院内设有游泳池，庭院外停车场可停放 400 辆汽车，周围环绕鲜花、草坪和棕榈树，风景宜人。旅店完全由首钢自己管理，首钢从国内派来 9 名厨师负责施工人员的餐饮。"依柯诺"旅店距离加州钢厂 60 公里，首钢购买了四辆面包车并租用了多部大巴车接送职工上下班。首钢职工在美国期间，公司安排职工到海滨度假游泳，到洛杉矶购物，到湖边垂钓；游览了迪斯尼乐园、好莱坞环球影城、拉斯维加斯和科罗拉多大峡谷，参观了"玛契"空军基地。所到之处，首钢人井然有序，彬彬有礼，向美国公众展示了中国工人良好的精神风貌。

洛杉矶聚居着很多来自中国大陆、香港和台湾地区的移民，有华人聚居的中国城，有台湾人聚居的"小台北"。美国的中文报刊和华人朋友把改革开放的中国大陆比喻为"抬起头来的妈妈龙"，首钢在加州钢厂实施拆迁工程，让当地华人真切地认识到祖国正在走向繁荣富强。他们成群结队驱车来到"依柯诺"旅店，看望首钢职工。很多华人朋友热情地邀请首钢职工到家里做客，开车陪同他们去游览。南加州的 KSCI 国际电视台还专门采访了在加州钢厂施工的首钢职工，制作了电视访谈节目《大陆中国工人谈美国印象》，在香港武侠影后郑佩佩主持的电视栏目《佩佩时间》播出，并通过亚洲卫视向全球 53 个国家播放。

首钢工程技术人员在加州钢厂分成三班作业，用 10 个月时间将全部厂房结构和设备落地，再一次向世界显示了中国工人的勤劳与智慧。

加州钢厂设备和厂房结构运回中国山东日照港后，由于首钢山东齐鲁大厂工程停建，1997 年 11 月 26 日，首钢将这套设备和厂房结构转让给包头钢铁公司。2001 年 11 月 4 日，用加州钢厂设备和厂房结构建设的包钢第二炼钢厂竣工投产。

中国海外第一矿

铁矿石是钢铁生产的主要原材料，也是最主要的成本因素。据统计，每炼 1 吨钢，需要消耗 1.50 吨至 1.55 吨铁矿石。新中国成立 60 年来，铁矿石产量虽然增长了 1200 多倍，但难以满足钢铁产量增长 3160 多倍的需求。2010 年，中国钢铁产能已经超过 7 亿吨，而中国铁矿资源人均占有量仅为世界平均水平的四分之一。尽管国家地质调查局发布的《2009 年矿产资源调查评价工作重要成果报告》预测我国潜在铁矿资源量2000 亿吨以上，可是按目前的开采强度，可供开采的铁矿保有储量只能开采 20 年左右。加上我国铁矿资源 98% 左右为含铁 40% 以下的贫矿，且大多难采难选，制约了铁矿资源的开发。同时我国铁矿原料自给率也在逐年下降。从上世纪五六十年代基本自给，到上世纪七八十年代下降到 80%~90%，2009年已降到 50% 左右，预测到 2015 年将下降到 40%。

中国钢铁工业要发展，只能大量进口铁矿石。1992 年国际铁矿石价格粉矿每吨 20 美元，块矿每吨 25 美元。进入 21世纪，中国等亚洲国家对进口铁矿石的依赖致使国际市场价格一路飙升，2010 年 4 月，我国进口铁矿石的平均价格已经达到 111.3 美元/吨。钢铁行业首席分析师周希增认为，以每吨平均到岸价 100 美元和现货价 180~200 美元计算，这意味着 2010 年我国在进口铁矿石方面耗资 1000 亿美元。

中国钢铁企业将长期为铁矿石这种"疯狂的石头"所困扰，而早在 1992 年，首钢就打起了资源战略牌。

1992 年 11 月 5 日，秘鲁政府向世界宣布，在该国公开拍卖秘鲁铁矿公司的国际招标中，中国首钢总公司出资 1.18 亿美元，承付 4200 万美元的债务，并承诺再投资 1 亿美元进行技术改造，买下了秘鲁铁矿 98.9% 的股权，包括该公司现有采矿、选矿、港口等各种资产及资源的永久勘探和开采经营权。这成为当时中国公司最大的一宗海外收购案，首钢秘鲁铁矿公司也成为中国在境外最大的独资企业。1992 年 12 月 4 日，秘鲁总统藤森表示，中国首钢总公司购买秘鲁铁矿公司将会促进秘鲁的经济发展，政府计划将这笔资金用于社会福利开支和改善就业等方面。

秘鲁铁矿位于太平洋东岸的马尔科纳地区，北距秘鲁首都利马 530 公里，占地面积 670.7 平方公里。早在 1870 年，意大利地质学家就在这里发现了铁矿。1953 年，美国人投资创办了马尔科纳矿业公司，同时建设了港口和选矿厂。1975 年被秘鲁军政府收为国有后，由于经营不善，企业濒临破产。藤森出任秘鲁总统后推行私有化政策，秘鲁政府决定将该公司全部资产通过美国第一波士顿银行，采取国际招标方式公开拍卖。1992 年 8 月，首钢先后派出三批专家前往考察，证实该矿已经探明的 150 平方公里范围内就有 14 亿吨储量，原矿品位为 51%~57%，精矿粉品位 65%~69%，全部露天开采。美国人经营期间，先后投资 10 亿美元，建设了完备的采选系统和配套的动力、运输、生活设施。在 20 世纪 70 年代，最高年产成品矿达到 1000 万吨，每年还可回收几万吨铜精粉。仅就已探明的储量来说，如果满足一个年产 1500 万吨的钢铁厂需要，能够保证连续供应 40 年以上。

　　首钢当即派出投标组飞赴利马。参加投标的有多家外国公司，依赖进口资源生存的日本，一些大财团和实力雄厚的三菱

◆ 位于太平洋东岸马尔科纳地区占地面积 671 平方公里的首钢秘鲁铁矿

公司也闻风而至。而拥有日本血统和日本国籍的秘鲁总统滕森，也倾向于自己的同胞中标。经过一番激烈竞争，志在必得的首钢以高于标底四倍的价格一举拿下秘鲁铁矿。

　　秘鲁最大的国营铁矿归入首钢旗下，在社会制度、文化、信仰、语言不同的陌生国度里，如何管控这家企业，成为首钢面临的一个新课题。秘鲁国内动荡不安的局势，也在考验着首钢人的胆识。

　　中秘两国 1971 年 11 月建交以来，经贸合作不断扩大，科技、文化、教育等领域的交流日益增多。在国际事务中，双方相互理解，密切合作。1990 年 6 月，藤森在第二轮总统选举中

击败对手，当选秘鲁总统。就职后他和历届政府一样，对臭名昭著的恐怖组织"光辉道路"进行了毫不留情的打击。"光辉道路"头子古斯曼曾扬言要杀掉所有帮助秘鲁政府的人，恐怖活动日益猖獗。1991 年，9 名援秘的日本水稻专家全部遇害；1992 年圣诞节前秘鲁总工会领导人被杀。1992 年 2 月 11 日，"光辉道路"一天之中就在利马制造了 36 起爆炸事件。仅1992 年上半年，"光辉道路"就制造了近 700 起暴力事件，造成 4000 余人死亡。1992 年 7 月 16 日，古斯曼又导演了利马大爆炸，在利马繁华的米拉弗雷斯商业区，"光辉道路"引爆了两辆装有 300 千克炸药的汽车，造成 21 人罹难，200 多人受伤，300 多座建筑受损，创下了自 1980 年以来由暴力事件造成伤亡的最高纪录。在一系列的爆炸声中，秘鲁成为世界上恐怖活动最密集的国家之一。外国游客视利马为"死亡之城"，以至秘鲁参议院安全委员会主席伯尔也无可奈何地说："利马现在是世界上最危险的城市，每天都有恐怖事件发生，'光辉道路'正在将国家带入一个黑暗时代。"1992 年 9 月 12 日，秘鲁警方成功地捕获了"光辉道路"首领古斯曼，此举并没有使恐怖活动得到遏制。1992 年 12 月 26 日是毛泽东诞辰 99 周年，也是首钢购买秘鲁铁矿 50 天之后，中国驻利马大使馆遭到汽车炸弹袭击。12 月 29 日，中国使馆和日本使馆同时被炸。"光辉道路"炸中国使馆用了 150 公斤炸药，炸日本使馆用了300 公斤炸药。日本使馆伤 21 人，中国使馆房屋遭到破坏。据外电分析，炸日本使馆是因为日本政府支持藤森政权，政治上和秘鲁过热；炸中国使馆是因为首钢购买了秘鲁铁矿，挽救了即将崩溃的秘鲁经济。

1993 年 1 月，首钢秘鲁铁矿公司董事长刘全寿率领首钢管理人员抵达秘鲁伊卡省纳斯卡市马尔科纳，秘鲁铁矿第一次升起五星红旗。秘鲁政府为了保护首钢人的安全，专门派来武装警卫。秘鲁铁矿距离首都利马 525 公里，从利马驱车到马尔科纳，沿着南泛美公路需要行驶 6 小时。铁矿拥有可停靠 20 万吨散装货轮的港口，通航世界各地，铁矿自备的小型客机可直接在海军机场起降。矿区所在的纳斯卡县，分布着闻名世界的"地画"。马尔科纳是一座美丽宁静的海港小城，1.3 万常住人口中有 8000 人是铁矿职工和家属。

首钢接管之初，铁矿的基础设施基本处于瘫痪状态，8 条矿粉生产线只有一条能正常作业，电铲、钻机、破碎机等主要采矿设备大多不能运转或处于极差状态。首钢投入资金对设备进行了修复和更新，使铁矿起死回生。1993 年 5 月 11 日 满载首钢秘鲁铁矿 129045 吨球团矿产品的"巴西利亚·维多利亚"号矿砂船，抵达中国宁波北仑港，成为供应首钢高炉生产的第一批原料。首钢秘鲁铁矿当年产量就由 1992 年的 284.8 万吨提高到 525.8 万吨。生产成品矿 512 万吨，销售 500.8 万吨，创利润 500 万美元，实现了"三个 500 万"的目标。

首钢秘鲁铁矿公司在不断增加产量的同时，对当地的环境保护十分重视，相继投资 840 万美元建设了尾矿库和日处理污水 6000 吨的污水处理厂，结束了铁矿开采以来生产生活污水直排大海的历史。

首钢在秘鲁经营铁矿，是秘鲁工人心目中的"资本家"，遇到的最棘手问题就是接连不断的各种名目的罢工困扰。每次罢工，首钢管理者都要与工会展开艰苦的谈判。秘鲁矿业工会历史长、势力大，工会头头完全脱产，靠企业支付工资，靠工人交纳会费生存，自然要为职工谋取更多利益。秘鲁的法律规定，矿业企业每年可以通过谈判为职工增加工资和福利，谈不拢就罢工，最后由秘鲁劳工部仲裁决定增资水平。

年年如此，工会头头为了自己的饭碗和捞取更大的政治资本也乐此不疲。

首钢接管铁矿后，作为红色资本家，对工会组织的罢工采取了软硬兼施的策略。1993年4月，首钢秘鲁铁矿公司以非法罢工为由，严厉处置了采矿厂参与罢工的矿车司机。给予30多名司机严重警告处分，带头的两名班长给予停工一周的双重处分，这是该国法律所允许的最重惩罚。

为了有效地遏制罢工，首钢秘鲁铁矿公司设置了不罢工保证金，与每个职工签订合同，如果全年不罢工，可以领到一笔数目不小的奖金，按季发放，如果罢工就扣回已发的奖金。这项措施对于抵制罢工起了很大作用，并为秘鲁其它企业所仿效。

在秘鲁，几乎所有矿业企业的工会组织都与资方签订集体协议。首钢接手时，当时的企业与工会组织就存在集体协议。本来可以趁此机会调整原集体协议或重新谈判集体协议，但由于铁矿工会势力强大和首钢接收时对当地法律了解不够，基本上就将秘鲁铁矿原来的集体协议承接下来，因此首钢秘鲁铁矿职工的福利及补贴仍然维持在一个较高的水平。2008年7月，中国《环球时报》记者到首钢秘鲁铁矿公司采访时了解到，在首钢秘鲁铁矿工作的高层管理者每月总收入达5000美元，中层管理者收入也在2000美元左右。首钢还免费为职工提供住房、水、电、交通、医疗等福利。

随着当地职工人数的增加，企业包袱越来越重。首钢开始接手秘鲁铁矿时，计划在每个生产班组都要配备中国班组长带班，到秘鲁铁矿工作的中方人员最多时有170余人。结果很快暴露出首钢派来的班组长因为语言不通与当地矿工无法交流的问题，于是逐步启用秘鲁人管理秘鲁人，提高了效率。截止到 2007 年底，首钢秘铁公司在册员工共计 1800 余人，其中中国员工不到 30 人。对于一些工程和部分辅助业务，首钢在法律允许范围内采取了外包策略，即委托当地有信誉、资质好的企业实行第三方服务，使公司减轻了负担，同时也化解了企业与职工在福利、人事、分配等一系列问题上的冲突。

首钢经营秘鲁铁矿公司以来，为中秘两国关系和秘鲁经济发展作出了重要贡献。首钢秘鲁铁矿生产部总管维托·吉因对中国《环球时报》记者说："我在这个矿山工作了 30 年，首钢来之前，马尔科纳经济不是很好，这里的人也很少。矿山卖给首钢后，这里的经济开始逐渐恢复。特别是教育方面。以前国家的政策是矿业公司必须负责当地的学校，后来政策变了，学校划给了地方，但首钢并没有停止对马尔科纳地区教育的援助，还为所有的学校重新修建了厕所。马尔科纳已经成为全省教育设备最现代化、教学环境最好的地区。"维托·吉因认为："像秘鲁这样矿业资源丰富的国家，最重要的就是要把矿产开发并销售出去。越多的开发和销售，就会带来更多的工作机会，带来更多的收入，现在首钢做的正是这些。"吉因的太太说，他们全家对首钢的工资和福利都非常满意，他们可以在 130 平方米的大房子里舒适地生活，能供 3 个孩子学习，这都是首钢给予的。在首钢秘鲁铁矿人事行政部工作的弗雷迪·桑切斯谈道："首钢刚来投资的时候有很多阻力。我们员工内部也对首钢不信任，认为矿山只是换了个主人，我们自己不会得到好处。后来当首钢有了自己的发展计划，有了改善社区条件的计划，并逐步实施后，所有人都有了动力，有了目标。而且，我们现在的效益越来越好。所以很多当初抱怨、不满的人现在什么也不说了，因为他们亲眼看到了城市的变化。现在我们有了很多公路，市中心有很多商店和餐馆，路上的车也多了，首钢的发展带动了整个地区的发展。"

随着首钢对秘鲁铁矿认识的逐步深入及对秘鲁法律和经营环境了解的加深，首钢驾驭秘鲁铁矿的能力逐步提高，铁矿经营状况逐渐好转，产量和赢利能力不断提高。仅 2007 年销量就达 770 万吨，其中发往中国市场的铁矿产品 485 万吨，实现税前利润 1.4 亿美元。

继 1992 年首钢收购秘鲁铁矿、成为中国第一家实施海外资源战略的企业之后，1994 年，鞍钢与澳大利亚波特曼公司合资经营开发西澳洲库里亚诺赛铁矿；1997 年，中国钢铁工贸集团总公司与南非北德兰士瓦发展有限公司合资组建亚南金属有限责任公司，开发南非北方省 Diloong 铬矿；2001 年，宝钢与巴西淡水河谷公司达成协议，双方组建宝华瑞矿业公司，合资开发巴西铁四角地区铁矿；2002 年，宝钢与澳大利亚哈默斯利公司达成协议，双方组建宝瑞吉矿业公司，合资开发帕拉伯杜铁矿东坡……

为津巴布韦修复高炉

　　1996 年 5 月，中国国家主席江泽民出访津巴布韦，这是我国元首对这个非洲国家第一次访问。江泽民访问期间，两国签订了贸易、经济和技术合作相关协定，其中一项是首钢承建津巴布韦钢铁公司 4 号高炉修复工程。5 月 21 日，中国政府代表团成员、首钢总经理罗冰生在江泽民主席和穆加贝总统出席的签字仪式上，与津钢执行总裁穆桑嘎签署了《津巴布韦钢铁公司与首钢总公司关于津钢 4 号高炉原地修复意向书》。双方商定，4 号高炉采用原地修复方案，工期为 18 个月，即从 1997 年 12 月 1 日至 1999 年 6 月 1 日。由首钢承包交钥匙工程，总包工程的设计、供货、施工、调试、人员培训、生产操作指导等一揽子任务。项目费用总额 5000 万美元（后又追加 220 万美元，实际总资金共计为 5220 万美元，折合人民币 43212.72 万元——作者注）。其中由中国进出口银行提供首钢 3500 万美元的出口买方信贷，另外 1500 万美元由津巴布韦政府筹措。

　　津巴布韦共和国是非洲南部的内陆国家，人口 1334.9 万，面积约 39.1 万平方公里。工业占国民经济总产值的三分之二。主要有金属和金属加工、食品加工、石油化工、饮料和卷烟、纺织服装、造纸和印刷等行业。农产品有玉米、烟草、棉花、花卉、甘蔗和茶叶等，为世界第三大烟草出口国，畜牧业以养牛为主。

◆ 首钢修复的津巴布韦钢铁公司4号高炉

津巴布韦钢铁公司是该国最大的企业和唯一的钢铁厂，也是非洲第二大钢铁企业。该公司不仅在津巴布韦国民经济发展中有着举足轻重的地位，同时对南部非洲发展共同体国家经济发展也至关重要。津钢4号高炉原工作容积1360立方米，由奥钢联承建，1975年投产。1993年3月因大料钟拉杆断裂，造成料钟落入炉内事故，导致高炉停产。4号高炉停产后，津钢的钢产量从1992年的80万吨下滑到1993年的20万吨，同时使该国的采矿业、运输业及地方工业等处于半停产状态。因此，4号高炉修复工程，对加强两国经济合作，增进中津友谊，促进津巴布韦乃至南部非洲发展共同体国家经济发展和中国企业开拓非洲市场都会产生积极的作用。

为了把津钢 4 号高炉修复工程打造成中津合作的标志性工程，首钢抽调精兵强将，组成了 350 人的施工队伍，由在国内主持过多座大型高炉建设的首钢副总工程师苏显华出任工程总指挥。

1997 年深秋，首钢工程技术人员分期分批飞赴津巴布韦首都哈拉雷。津钢公司接机的大轿车载着首钢人在红土地上奔驰，一丛丛高大的仙人掌，一片片油绿的烟草田，一座座圆锥形土坯房，一群群载歌载舞的绍纳族男女，间或有大象、羚羊和犀牛出没的草原在车窗前掠过……短暂的新奇过后，等待首钢人的是异常艰巨的施工任务。

停产四年的津钢 4 号高炉锈蚀严重，千疮百孔。需要修复和更换的项目有上料系统、炉顶装料系统、炉体系统、炉渣系统、热风炉系统、粗煤气和煤气清洗系统、出铁场堵渣机和开口机、高炉鼓风机等。需要拆除 1763 吨钢结构，1461 立方米钢筋混凝土，360 台套机电设备，68 公里旧电缆，666 吨耐火材料，1086 米工艺管道。除了施工量大，津钢 4 号高炉修复工程还受到投资限制，不能过多地采用新技术、新设备，必须充分利用津钢旧有设备设施进行修复；加上当地工业落后，缺少国内雄厚的人力物力和技术支持，这些都给工程增加了难度。

改革开放以来，首钢作为跨行业、跨地区、跨所有制、跨国经营的大型企业集团，在欧洲、北美、南美和东南亚等地执行了多项重大工程，积累了丰富的海外施工经验。为了确保工程质量和工期，工程指挥部出台了一整套管理制度。津钢工程在国内外有十几个单位共同交叉施工，为了实现单位与单位、国内与国外的步调一致、高效协作，首钢制定了施工、质量、财务、设备、材料、人事、奖励、退税等八项专业管理办法。修复工程需要的新设备总重 3011 吨、2935 台（套），新材料包括钢材、耐火材料、电缆、机电材料，总重 9500 余吨，全部采用中国产品，非标准设备由首钢制造。在生产制造过程中，首钢在国内对选料、制造、检验、调试等各个环节严格把关，派人驻厂跟踪监造，组织技术质量联检；设备出厂前都要经过预装、试运转、通水、通电、通风等考验。关键设备还采取了提高质量等级的措施。设备运输均采用适于海运、航空、陆运的包装，以保证质量，并实行逐级交货质量记录制度。修复工程需要的设备、材料一共装了 440 个集装箱，前后有 5 批散装船、9 批空运技术资料，运输过程中未发生丢失、损坏、发错国家问题，确保了工程需要。在津钢施工现场，由首钢工程技术人员组成的四个质量组每天 24 小时进行巡检，发现问题马上返工。

经过首钢人的精密组织、精细管理，津钢 4 号高炉修复工程于 1999 年 5 月 26 日按计划提前 5 天竣工，达到开炉条件；同年 7 月 17 日正式投产。在短短 18 个月里，首钢施工人员共安装金属结构 1335 吨，工艺管道 15552 米，设备 2348 吨，通风管道 2658 平方米，电气管道 52376 米，各种灯具 687 套，电缆桥架 9468 米，耐火砖砌筑及喷涂料 4450 吨。修复后的 4 号高炉有效容积为 1500 立方米，采用了一批新技术和新材料：高炉炉喉增加了煤气固定测温管和全液压煤气取样机；高炉炉腹以上采用了冷却壁和软水循环冷却；炉底砖衬采用中国自焙碳砖并增加了软水循环冷却；炉腹、炉腰和炉身下部采用了铝碳砖和半石墨化硅砖；增设了料仓系统除尘装置；高炉和热风炉各部位的控制系统均采用计算机微机系统控制。

首钢在津钢的工作，并不局限于修复一座高炉。而是把真诚合作的友谊种子播撒在非洲的红土地上。鉴于津钢生产人员技术水平低，操作责任心不强等情况，首钢安排津钢高炉操作工人到北京进行培训；帮助津钢建立健全了各种设备、电器日常操作、维护、技术管理规程，保证了安全生产。同时派出一个技术精湛、经验丰富的专家组，指导津钢的技术人员和操作工人尽快掌握高炉操作技术，保证津钢的生产能够顺利进行。首钢还在津巴布韦设立了办事处。

津钢 4 号高炉投产后运行稳定，三个月后焦比降到 585 千克/吨，日产达到 2000 吨。

1999 年 8 月 2 日，津钢 4 号高炉竣工投产庆祝大会在津巴布韦钢铁公司隆重举行，穆加贝总统出席大会并发表了热情洋溢的讲话，他说："我很高兴地看到津钢工程提前竣工，此项工程是津中两国人民友好合作的象征，将永远留在津中两国人民的记忆中。在此感谢首钢为我们所做的杰出工作，更感谢中国政府和中国人民。"

红楼国宝《梅花鹦鹉图》

　　20 世纪 90 年代初，一位香港富商访问首钢，在古香古色的红楼大厅里，客人被一幅齐白石的《梅花鹦鹉图》吸引住了视线。画面中央，兀然斜立着一方细瘦的太湖石，石头高低错落，有四个天然孔洞，上面栖着一只长着灰白色羽毛的大鹦鹉，似乎正在小憩，又好像随时都要展翅飞走，样子十分乖巧可爱。一株横卧画面的老梅树花繁枝茂，其中一枝梅花俏皮地穿过太湖石洞，生发出一条条新枝。整幅作品设色淡雅，用笔从容老辣，古朴与清新、简约与丰富兼而有之，使人过目不忘。时光虽然让画纸泛黄，却掩盖不住扣人心弦的艺术魅力。白石老人奇巧的构思，生花的妙笔，令人拍案叫绝。香港富商当即向接待他的首钢领导提出购买这幅作品，并开出了五百万元人民币的高价。他还表示，如果这个价格首钢不接受，可以为首钢重建一座五星级的红楼酒店。

　　白石老人虽然是享誉世界的艺术大师，但是在 20 世纪 50 年代，他给自己作品定的售价只有 16 块钱一平方尺。1958 年，首钢红楼招待所工作人员为了布置新落成的会客大厅，到北京荣宝斋选购了《梅花鹦鹉图》，这幅作品长 230 厘米，宽 140 厘米，折合成市尺，大约是 28 平方尺。如果荣宝斋加价到 20 元一平尺，售价也不过五六百元。有人做过估算，白石老人一生画了三万多张画，然而像《梅花鹦鹉图》这样的巨幅画作，在他的全部作品中并不多见。《梅花鹦鹉图》有白石老

◆ 白石老人 61 岁创作的《梅花鹦鹉图》

人的两处题款，右下角的题款是"甲子五月齐璜"，下钤"齐白石"印章。另一题款在画面左侧："癸巳秋重见于京华白石老人"，下面印文为"白石"。按照中国干支纪年推算，"甲子五月"的甲子年，应是公元 1924 年，而"癸巳秋"的癸巳年，当是 1953 年。也就是说，白石老人是在六十一岁时画的这幅画，九十三岁时又在北京重新见到它。《梅花鹦鹉图》流传了三十年后，缘何到了白石老人手里，又如何在五年之后出现在荣宝斋呢？

1987 年 1 月，《首钢报》文艺副刊编辑室主任肖东升带着《梅花鹦鹉图》照片，拜访了白石老人的四子齐良迟先生。齐良迟接过《梅花鹦鹉图》照片一看便肯定地说："这幅作品出自家父之手无疑。"接着又表示，他是头一次见到这幅画。肖

东升问："这幅画是荣宝斋购得三十年后，请白石老人重新题款，还是白石老人从别人手中购得，又出让给荣宝斋了呢？"齐良迟回答："后一种情况是不会发生的，因为家父对自己过去的作品是很珍视的。像首钢所藏这么早、这么大的一幅作品，如果老人当年能够得到，一定会妥善保存起来。"齐良迟认为，《梅花鹦鹉图》或是荣宝斋早年所购，解放后又请白石老人二次题款，或是被私人收藏，请老人题跋后又卖给画店。在他的记忆里，白石老人像这样前后有两次题款的画作是不少的。过去，一些人收藏白石老人作品，因为年深日久，吃不准画的真伪，于是便拿来请老人鉴定。白石老人确认无误，藏画者便请求老人在原画上再写几个字，藉以证明是真迹。倘若这幅画是白石老人当年的得意之作，老人便与对方商量买回来自己留存。如果人家不肯割爱，白石老人无奈，常会题上这样的文字："此画重见于世已□□年矣，吾欲收回，不可得也。"对于那些辗转周折几易其主的作品，白石老人更是惋惜，会语重心长地写道："此画已辗转数地，是□氏好子孙，不要再卖了。"1953 年，重见《梅花鹦鹉图》的白石老人已是蜚声海内外的国宝级艺术大师，这一年，文化部授予齐白石"人民艺术家"荣誉奖状，白石老人还当选为全国美协理事会第一任主席。

白石老人对自己早期画作的珍爱，还有一段往事。曾任国民党陆军中将和军统局要职的沈醉是白石老人同乡，1946 年春，沈醉以军统局接收大员身份来到北平，一天他和朋友拜访齐白石，向老人提起他小时候睡觉的大床床头上就有当年齐白石做木匠时雕刻的莲花、牵牛花等图案，家里的衣柜玻璃上还贴着齐白石的四幅画。白石老人一听，竟激动得站起来，对沈醉说，能不能把那些画送给我，我愿意用现在的 10 幅画换从前的一幅画！沈醉赶忙发电报给湘潭老家，家里的画居然都在，只是有一幅因年久破损揭不下来了。几天后，家人带着白石老人的画日夜兼程赶到北平。当沈醉将《吉庆有余》等3幅早期作品送到跨车胡同白石老人寓所时，老人非常高兴，又为那张破损的画唏嘘不已，当即回赠给沈醉《百虾图》、《枇杷图》、《百鸡图》3幅作品。虽然不是10幅换1幅，但沈醉已是大喜过望了。这三幅画并非一般的应酬之作，皆是潜心创作的精品。更令沈醉惊喜的是，老人竟又兴致勃勃地主动提出为他刻两方名章，当即挥刀，边谈边刻，一方为"沈醉"，一方为"沈沧海"（沈醉别号）。沈醉如获至宝，一直将这3幅画与两方章视为珍宝须臾不离。解放前夕，他将画和图章交给前妻带往台湾，后来前妻去了香港，沈醉去信多次询问，前妻却说已经没有印象了。这些珍品直到沈醉离世后也未找到。

齐良迟秉着放大镜仔细端详着《梅花鹦鹉图》照片，爱不释手，眼前仿佛浮现出父亲的音容笑貌。1921年，齐良迟生于湖南湘潭，10岁开始在父亲指导下学习中国绘画的传统技法，1945年毕业于北京辅仁大学美术系，后任教于国立北平艺术专科学校。解放后出于建设新中国的热情和对电气化的向往，齐良迟投身北京电信局无线电处工作。后来因为父亲年事已高，他遵照周恩来总理的嘱托，辞职回家伺候父亲，同时继续师从父亲学画，成为"齐派"艺术的掌门人。齐良迟认为，《梅花鹦鹉图》是白石老人中早期的一幅代表作，老人的画风是从60岁以后开始转变的，称之为"衰年变法"，《梅花鹦鹉图》正处于这个重要阶段的起始。齐良迟说，从技法上看，梅花同晚年的风格一致，而鹦鹉则大不一样。白石老人晚年笔下的鹦鹉用线的地方少，主要是用色，靠色彩勾染造型。石头也不同于晚年，白石老人早年画石主要是临《芥子园画谱》，

《梅花鹦鹉图》的石头，基本上还保留着早期的特点。齐良迟告诉肖东升："父亲曾画过一张《柳树黑猿》，尺寸比首钢的这张大一些，但它是被私人收藏，连我也只是在一次展会上才识得一面。像《柳树黑猿》和《梅花鹦鹉图》这么大的作品，在父亲全部作品中，也并不是很多的。所以，首钢的收藏是很珍贵的。"据史料记载，1952年亚洲及太平洋区域和平会议在北京召开时，白石老人创作了一幅"丈二匹"《百花与和平鸽》向大会献礼，这是他创作的尺寸最大的花鸟画。

盛世收藏。改革开放以来，齐白石作品价格一路走高，进入21世纪后又屡屡刷新纪录。齐白石的《山水册八开》，在"2003年中贸圣佳秋季拍卖会"上以1510万元人民币的高价落槌。这幅作品在1998年中国嘉德秋季拍卖会上的成交价格为159.5万元，五年涨了将近10倍。2009年11月10日，在翰海15周年庆典拍卖会首日拍卖中，齐白石的《贝叶草虫》以1680万元成交，创齐白石单幅作品拍卖成交最高纪录。10天以后，在北京保利2009秋季拍卖会上，齐白石作品《可惜无声·花鸟工虫册》以9520万元打破中国近现代书画拍卖成交世界纪录。2011年5月22日，中国嘉德春季拍卖会上，齐白石《松柏高立图·篆书四言联》以8800万起拍后，经过逾半小时近50次激烈竞价，最终一位场内藏家以4.255亿元人民币将其收入囊中，卖出了齐白石作品的天价。《松柏高立图》纵266厘米，横100厘米；"篆书四言联"内容为"人生长寿，天下太平"，单幅纵264.5厘米，横65.8厘米，被认为是历年来公开露面的齐白石绘画及书法作品尺寸最大的一幅。在齐白石创作的花鸟画中，以禽类为题材的作品内容广泛，有鸡、鸭、鹌鹑、乌鸦、白头翁、麻雀、翠鸟、鹰、鹤、八哥、鸽子等，这些题材中，他画得最多的是鹰，其次是和平鸽，而鹦鹉题材并不多见。齐白石 "衰年变法" 持续了十年之久，变法的中心是花鸟画，变法初期画风由疏简向繁密转变，继而冷逸画风逐渐减少，笔势走向宽厚奔放，最终形成了构图多样、虚实得宜、笔墨老辣苍厚、刚健挺拔、色彩或凝重浓郁或鲜艳强烈的独特风格。

有人估计，首钢收藏的齐白石《梅花鹦鹉图》以其承上启下的艺术价值和罕见的大画幅，价格至少在 2 亿元以上。

《梅花鹦鹉图》虽然没有卖给那位港商，但是令人痛惜的是，这幅价值连城的首钢镇厂之国宝，却在 1991 年夏季一天深夜，被人从没有安装防盗设施的红楼大厅盗走了，至今下落不明。

参考文献

梅绍武：《我的父亲梅兰芳（续集）》，百花文艺出版社 2004 年版。

肖东升：《珍贵的收藏》，首钢报月刊 1987 年第三期。

王颖：《知情者说》，中国青年出版社 2004 年版。

黄晋、唐振炎、毛庆武：《津巴布韦钢铁公司 4 号高炉修复工程》，《首钢科技》2000 年第 2 期。

邹东涛、欧阳日辉：《新中国经济发展 60 年》，人民出版社 2009 年版。

《华主席春节到首钢看望钢铁工人》，《新华社》1978 年 2 月 7 日讯。

姜兴宏：《从曹妃甸建设看孙中山对中国经济现代化的贡献》，《团结》杂志 2009 年增刊。

关续文：《北京史地钩沉》，香港银河出版社 2006 年版。

《十里钢城》，北京出版社 1999 年版。

吴建：《坚持稳健经营的原则》，《中国金融》2009 年第 19 期。

祁淑英：《中国三钱》，河北教育出版社 2006 年版。

李显荣：《从炮击金门看毛泽东的战略思维艺术》。

郑谦、刘波：《一个伟人的奋斗与命运》，中共党史出版社2001年版。

《总书记胡耀邦视察抚宁、乐亭、滦县、迁安、迁西、遵化、宽城、兴隆八县》，《人民日报》1984年9月3日。

陆华、祝东力：《回首征程》，文化艺术出版社2005年版。

《柯岩：我的文学之路》，《文艺理论与批评》2007年第2、3期。

田庆权：《万里同志在首钢》，《北京党史》2000年第五期。

徐改：《齐白石》，河北教育出版社2000年版。

李志辉：《中国银行业的发展与变迁》，格致出版社、上海人民出版社2008年版。

《建国以来毛泽东文稿（第6册）》，中央文献出版社1992年版。

吕铁、周维富：《美国钢铁工业对中国的启示》，《中国社会科学院院报》2007年10月25日。

熊欣：《铁矿石进口今年将耗资1000亿美元》，《证券日报》2010年05月13日。

《2009年矿产资源调查评价工作重要成果报告》，国家地质调查局2010年4月1日。

《走进首钢秘鲁铁矿公司 在秘鲁走过坎坷15年》，《环球时报》2008年7月11日。

张镇南：《周立波一九五四年在益阳琐记》，《益阳文史资料第八辑》2009年10月。

李海文：《彭真市长》，中共党史出版社、山西人民出版社2003年版。

首钢总公司党委组织部编：《历史时刻》，2009年8月。

首钢党委组织部、首钢档案馆：《首钢足迹》，中央文献出版社 2009 年版。

张广友：《风云万里》，新华出版社 2007 年版。

宋玉玲：《1989 年中国钢铁工业大事记》，中国钢铁新闻网。

焦立坤：《无理要求令业界哗然 国际矿业巨头欲操控海运费》，《北京晨报》2007 年 11 月 1 日。

《安朝俊同志逝世》，《人民日报》1993 年 9 月 11 日。

《首钢特钢公司在停产搬迁中发展》，兰格钢铁 2008 年 8 月 20 日

《石景山文史资料》第五辑，1992 年 12 月。

姜兴宏：《邓小平与 1992 年》，中共中央党校出版社 1993 年版。

《缅怀毛泽东》，中央文献出版社 1993 年版。